MÉTHODE
D'ENSEIGNEMENT
ÉLÉMENTAIRE
à l'usage des Écoles Primaires et Secondaires,

PAR

M. CASTELBON,

Maître de Pension,

BREVETÉ POUR L'INSTRUCTION PRIMAIRE, BACHELIER
ÈS-LETTRES ET BACHELIER ÈS-SCIENCES.

1re *Partie*.

CORRIGÉ DES DEVOIRS.

BÉZIERS.

Chez l'Auteur, rue Pélisson, 16.
Chez C. Bertrand, Imp.-Lib., rue de la Rôtisserie

1856.

MÉTHODE
D'ENSEIGNEMENT
ELEMENTAIRE.

MÉTHODE
D'ENSEIGNEMENT
ÉLÉMENTAIRE

À l'usage des Écoles Primaires et Secondaires,

PAR

M. CASTELBON,

Maître de Pension,

BREVETÉ POUR L'INSTRUCTION PRIMAIRE, BACHELIER
ÈS-LETTRES ET BACHELIER ÈS-SCIENCES.

1re Partie.

CORRIGÉ DES DEVOIRS.

Le Travail vient à bout
de tout.

BÉZIERS.

Chez l'Auteur, rue Pélisson, 16.
Et chez C. Bertrand, Imp.-Lib., rue de la Rôtisserie.

1856.

Tout contrefacteur ou débitant de contrefaçons de cet ouvrage sera poursuivi conformément aux lois.

Tous les exemplaires sont revêtus de ma griffe.

PRÉFACE.

Le livre que nous offrons au public est le complément indispensable de notre Méthode. Nous ne nous attacherons pas à en démontrer l'utilité ; tout le monde sait en effet qu'une méthode d'enseignement ne peut produire de bons résultats pour les élèves que tout autant que le maître s'inspire de la pensée de l'auteur.

La pensée qui nous a guidé dans la composition de notre ouvrage est, il est vrai, bien facile à comprendre ; cependant nous n'avons pas cru pouvoir nous dispenser de publier le *Corrigé des Devoirs*.

Nous nous sommes proposé de faciliter le travail de classe. Les nombreux témoignages de satisfaction que nous recevons de tous ceux qui ont adopté notre Méthode nous prouvent que nous avons atteint ce but pour ce qui regarde l'élève et la tenue de la classe ; mais pour le maître, notre méthode pouvait paraître incomplète.

La partie que nous publions est spécialement destinée au maître. Il y trouvera des dictées graduées, par lesquelles l'élève passera, sans s'en douter, du facile au difficile, du simple au composé ; de sorte qu'il aura appris à résoudre les difficultés grammaticales sans peine et sans dégoût pour un exercice qui inspire trop souvent de la répugnance.

Le corrigé des exercices grammaticaux présente tous les mots à souligner. Quelquefois ce corrigé n'offre aucun mot ; et cependant le devoir n'est pas inutile, car il faut que l'élève possède sa leçon de grammaire pour savoir qu'il n'y a dans la leçon de lecture aucun des mots à souligner. Dans ce cas un devoir nul est un réel progrès.

Nous espérons que nos confrères feront à notre *Corrigé des Devoirs* le même accueil qu'ils ont fait à notre Méthode, et que nos efforts pour faciliter le travail de l'élève et du maître seront couronnés de succès.

F. Castelbon.

MÉTHODE D'ENSEIGNEMENT.

CORRIGÉ DES DEVOIRS.

Numéro 1.

Dictée. — *Mots à syllabes simples.* — *On appelle syllabes simples les syllabes composées seulement d'une voyelle ou d'une consonne jointe à une voyelle.*

Vérité. abime. mobile. amabilité. sureté. futilité. lime. sévère. délétère. suave. sonore. élire. élève. élevé. amovibilité. suavité. mené. parole. étalé. mobilité. dureté. farine. amené. papa. simulé. validité. diminué. solide. avidité. cupide. ami. remède.

Exercice Grammatical. — *Copier quinze lignes de la leçon de lecture.*

Numéro 2.

Dictée. — *Dans les mots à syllabes simples, le son sse s'écrit de trois manières : par c, ç ou s. Le son je s'écrit aussi de deux manières : par g ou par j.*

Agile. acidulé. félicité. facile. popularité. acidité. agilité. camarade. ligature. façade. reçu. réputé. mine. salué. poli. capacité. pureté. aménité. ruade. âne. famine. familiarité. colère. rage. délire. cure. jubilé. judicature. manége. olive. pirate. rareté.

Exercice Grammatical. — *Copier quinze lignes de la leçon de lecture.*

Numéro 3.

Dictée. — *Mots à syllabes simples.*

Ravine. sève. étamine. babiole. dédire. rave. toge. anonyme. défi. inégalité. ordure. pelé. orge. pécule.

ravage. sènevé. roture. timidité. vélocité. zèle. vérole. sécurité. sage. potelé. pile. litige. galère. gîte. férule. étale. étalage. déluge. cirage.

Exercice Grammatical. — *Copier quinze lignes de la leçon de lecture.*

Numéro 4.

Dictée. — *Mots dans lesquels les syllabes sont formées d'une seule voyelle accompagnée d'une ou de plusieurs consonnes.*

Citerne. annuité. costume. maléfice. prévôt. séparable. tracas. verge. furtif. démarrage. accusatif. bestialité. frugifère. graduel. inimitable. lettre. patriotisme. ramollir. télescope. pelure. verdâtre. verge. plume. obstacle. stupidité.

Exercice Grammatical. — *Souligner tous les mots où se trouve la voyelle a.*

Quarante, après, dessècha, à, d'abord, montagnes, quarante, après, la, l'arche, laissa, aller, corbeau, étant, rentra, mais, allait, revenait, jusqu'à, eaux, après, corbeau, lacha, la, n'ayant, parceque, la, était, d'eau, à, attendit, après, lâcha, nouveau, la, portant, dans, branches, étaient, par, là, eaux, étaient, la, après, avoir, attendu, laissa, aller, la, la.

Numéro 5.

Dictée. = *Mots où les syllabes sont composées d'une voyelle jointe à une ou plusieurs consonnes.*

Activité. salubrité. inamovible. rapidité. comestible. table. parure. propreté. promesse. occipital. gustatif. obscurcir. racine. dorure. rigidité. riposté. tétracorde. terrine. trivialité. molleton. lèpre. étuve. électoral. corsage.

Exercice Grammatical. — *Souligner tous les mots où se trouve la voyelle e.*

Force, devint, ivre, s'endormit, tente, pendant, sommeil, se, découvert, d'une, manière, indécente, et, con-

traire, pudeur, second, cet, état, le, dire, ses, frères.
Sem, et, Japhet, prirent, leur, manteau, et, reculons,
couvrirent, nudité, de, leur, père, Noé, après, s'être
réveillé, de, assoupissement, de, quelle, manière, second,
traité, le, avec, et, contraire, ses, bénédictions, Sem, et,
Japhet, et, prédit, que, serait, le, dernier, de, leurs, esclaves, cette, prédiction, en, accomplissement, leur, postérité, mesure, que, les, hommes, s'éloignaient, de, leur,
origine, devenaient, méchants, oubliaient, peu, naturelle,
et, ne, suivaient, autre, que, leurs.

Numéro 6.

Dictée. — *Mots où les syllabes sont composées d'une voyelle accompagnée d'une ou de plusieurs consonnes.*

Obscénité, petit, cherté, plumage, plissure, rôle, rupture, rivière, forçat, finesse, certitude, accabler, miracle,
prodige, rupture, oblique, sagesse, favorable, propice,
misérable, carnage, simulacre, familier, rudesse, carnassier, oblique.

Exercice Grammatical. — *Souligner tous les mots où se trouve la voyelle* i.

Il, possédait, ni, ni, il, habitant, foi, cité, bâtie, Dieu,
lui, architecte, arrivée, famine, obligea, il, dit, prévois,
Egyptiens, diront, qu'ils, dites, prie, afin, qu'ils, traitent,
qu'ils, vie, considération, ils, arrivés, seigneurs, roi.

Numéro 7.

Dictée. — *Mots à syllabes simples, formées d'une voyelle jointe à une ou plusieurs consonnes.*

Progéniture, décigramme, profond, énormité, majesté,
tierce, prose, propriété, serpe, uniforme, tulipe, siége,
prote, notice, nominal, ministre, majorat, loriot, jabot,
inégalité, épinards, épigastre, époussette, dorsal, déci-
mètre, boxe, bâfre, babil, anapeste, alose, citerne, féo-
dalité, peste, brutalité.

Exercice Grammatical. — *Souligner tous les mots où se trouve la voyelle* o.

Comme, poussière, homme, compter, poussière, pourra, compter, vos, parcourez, toute, dois, vous, donnez, donc, où, Loth, monde, Loth, Sodome, où, rois, voisins, dont, roi, Sodome, voyant, rois, donnée, roi, Sodome, Sodome, prisonniers, Loth, tout, homme.

Numéro 8.

Dictée. — *Mots à syllabes simples, formées d'une voyelle jointe à une ou plusieurs consonnes.*

Masculine. absurdité. côtelette. corvette. dilatabilité. disparate. écluse. église. faribole. ferrure. gastronome. gobelet. illégitime. inestimable. Jocrisse. juriste. Latitude. liasse. majuscule. manifeste. napperon. nécessité. olivâtre. originel. palissade. pèlerine. Racine. radical. sapine. secte.

Exercice Grammatical. — *Souligner une fois les mots où se trouve la voyelle u et deux fois ceux où se trouve la voyelle y.*

Mots à voyelle *u*. = Horreur, Seigneur, lui, que, demeureront, un, où, réduits, servitude, maux, punirai, peuple, auquel, assujettis, pour, vous, vous, vous, mourrez, une, heureuse, qu'après, quatrième, que, mesure, iniquités, dû, eu, une, pour, lui.

Mots à voyelle *y*. — Pays, pays-là, pays-ci, voyait, ayant, égyptienne.

Numéro 9.

Dictée. — *Mots à syllabes simples, formées d'une voyelle jointe à une ou plusieurs consonnes.*

Redevenir. robuste. sculpture. séminariste. tertre. tissage. vacuité. verdelet. iode. village. verdure. terrine. surtaxe. stère. sexe. robinet. riflard. ravage. pianiste. pétrissage. persiflage. parapet. muscade. multiple. maxime. limonade. lagune. javelle. jardinage. gilet. gibecière. garde-robe. galette.

Exercice Grammatical. — *Souligner une fois les mots où se trouve l'e muet et deux fois ceux où se trouve l'è fermé.*

Mots à e muet. — Dieu, encore, je, votre, femme, je donnerai. d'elle, que, je, sera, le, père, de, plusieurs, peuples, de, se, le, rivage, contre, terre, de, serait-il, possible, homme, de, eût, enfanterait-elle, quatre, Seigneur, je, serai, me, Dieu, prière, que, me, faites, je, le, je, donnerai, une, nombreuse, alliance, que, je, ne, regarde, que, que, monde, ce, même, que, appellerez, promesse, que, Dieu, n'eût, moindre.

Mots à é fermé. — Bénirai, bénirai, et, et, et, conservez. répondit, exaucé, bénirai, postérité, mettra, appellerez, n'hésita, défiance.

Numéro 10.

Dictée. — *Mots à syllabes simples, formées d'une voyelle jointe à une ou plusieurs consonnes.*

Galvanisme. fraternité. escrime. esclave. escabelle duvet. ductile disgrâce. démêlé. crinoline. cordialité. colline. cierge. brunâtre. brunissage. botaniste. balsamine. avarice. balustrade. aspect. asclépiade. ajutage. albâtre. capitale. cirure. décilitre. départ. élevure. épiscopat. galiote. civilité. irrémissible. juré.

Exercice Grammatical. — *Souligner une fois les mots où se trouve l'é fermé et deux fois ceux où se trouve l'è ouvert.*

Mots où se trouve l'é fermé. — Étant, et, répéta, épouvantée, répondit, avez, étant, côté, déclara, péchés, étaient, montés, tirer.

Mots où se trouve l'è ouvert. — Cette, elle, même. mère, vieille, elle, elle, elle, elle, n'est. ces, tournèrent, avec, les, les, des, cette.

Numéro 11.

Dictée. — Mots à voyelles composées. — *Le son o s'écrit de trois manières : par o simple, par au, ou bien par eau.*

Pauvre. plumeau. appauvrir. pauvreté. applaudir. réseau. cerceau. arceau. baudrier. eau. fabliau. auditif. cerveau. augure. beaupré. aussitôt. daube. fautif. aubergiste. faute. auberge. aumône. fauvette. étau. austère. carreau. aubade. fauve. auge. cautère. lauréat. appeau. pause. gâteau.

Exercice Grammatical. — *Souligner une fois les mots où y se prononce comme i simple, et deux fois ceux où il se prononce comme deux i.*

Mots où *y* se prononce comme *i* simple. — Il n'y en a point.

Mots où *y* se prononce comme deux *i*. — Ayant.

Numéro 12.

Dictée. — Mots à voyelles composées. — *Le son é s'écrit de trois manières : par é simple, par ai, ou bien par ei.*

Abaisse. paraître. fenêtre. aubaine. reine. gaine. parfait. laine. baleine. attrait. portrait. forfait. plaine. domaine. notaire. neige. paix. peine. plagiaire. relais. salaison. salutaire. capitulaires. récolte. tanière. précoce. orfèvre. genièvre. fontaine. fléau. énigme. égoïsme. glissade. javeline. sauvage.

Exercice Grammatical. — *Souligner une fois les mots où se trouve une des voyelles composées et deux fois ceux où se trouve une h muette.*

Mots à voyelles composées. — Faire, séjour, était, sœur, roi, pays, lui, Dieu, lui, nuit, lui, vous, pour, avoir, seigneur, vous, foi, lui, était, sœur, était, l'ai, fait, cœur, souiller, mains, Dieu, lui, sais, vous, sœur, pour, vous, ai, pour, vous, vous, autrement, vous, mourrez.

Mots à *h* muette. — Abimélech, homme.

Numéro 13.

Dictée. — Mots à voyelles composées. — *Le son e s'écrit de deux manières : par e simple ou par eu, le son ou par ou, le son oi par oi, et le son ui par ui.*

Neveu. oncle. paroisse. paresseux. roi. choix. jaloux. loi. clou. niveau. pourriture. savoir. devoir. pouvoir. vouloir. genou. valeureux. boudoir. ciboire. mouvoir. nourrice, abattoir, ténébreux, peur, peureux, voleur, bateleur, jaunisse, soutenir, paupérisme, pourquoi, royaume, main, pain, sœur, cœur, miette, pauvresse.

EXERCICE GRAMMATICAL. — *Souligner une fois les syllabes marquées d'un accent aigu ; deux fois celles marquées d'un accent grave et trois fois celles marquées d'un accent circonflexe.*

Mots à accent aigu. — Héritier, étant, levé, épaule, étant, désert, était, manqué, bouché, s'éloigna, était, accablée.

Mots à accent grave. — à, à, dès, là, amèrement.

Mots à accent circonflexe. — Mûr.

Numéro 14.

DICTÉE. — *Mots à syllabes composées d'un g ou d'un q. Le g doit toujours être suivi d'un u devant les voyelles e, i, y, quand il doit conserver la prononciation de gue ; le q ne s'emploie jamais que suivi d'un u.*

Quantité, qualité, guérite, guide, orgeat, quittance, liquide, gorgerette, gigot, guenille, quelquefois, quinzième, guérison, inquiéter, quinconce, quinquina, guêpe, guerroyeur, guillotine, quintessence, quinquet, quille, guidon, gueuserie, guttural, guitare, quatuor, quaterne, qualification, quatrième, quartier, quai, gai, gaieté, guingan, guinguette, guirlande.

EXERCICE GRAMMATICAL. — *Souligner une fois les mots portant une apostrophe, et deux fois ceux où se trouve un ç cédille.*

Mots à apostrophe. — L'immola, m'obéir, m'avez, s'en, d'où, l'avoir.

Mots à ç cédille. — Aperçut.

Numéro 15.

DICTÉE. = *Mots à consonnes doubles.* — *Le son fe s'écrit de trois manières : par f, ff ou par ph ; le son che par ch ; le son gne par gn et le son ille par ill.*

Fraise, philosophe, antropophage, fortune, offense, fidélité, chasse, chiendent, chasseur, affiche, bouillon.

ville, maison, puanteur, accouchement, efféminé, phénix, accueillir, recueillement, assurance, agneau, compagne, phénomène, couchant, cheminée, abbesse, ardeur, pharmacien, cédille, peuplier, phare, laideur, chimiste, physique, bailler, baillement, bailli, accourir.

EXERCICE GRAMMATICAL. — *Souligner les mots portant un tréma, et deux fois ceux marqués d'un trait-d'union.*

Mots à tréma. — Il n'y en a point.
Mots à trait-d'union. — Avait-il.

RÉCAPITULATION des 15 premiers numéros.

Numéro 16.

DICTÉE. == *Mots à syllabes nasales.* == *Le son an s'écrit de quatre manières : par* am, an, em *ou* en.

Emmener, entendre, charmant, comprendre, antithèse, antécédent, ampliation, amphitéâtre, antiquaire, anguille, enfouisseur, précédent, enfoncement, enjolivure, enflure, emmagasinage, empeigne, empiler, emphatiquement, postérieurement, empaumer, prendre, ampleur, amplification, annoncer, annaliste, anonymement, annuler, bizarrement, attendre.

EXERCICE GRAMMATICAL. — *Souligner une fois les mots ayant un e muet, deux fois les mots ayant un é fermé, et trois fois les mots ayant un è ouvert*

Mots à e muet. — Mère, ce, venait, frère, homme, de, fontaine, êtes, seigneur, demeurez, dehors, logement, lieu, chameaux, le, chameaux, leur, de, paille, de, de, ceux, suite, cela, leur, ne, mangerait, ne, leur, car, ce, leur, dire, le, répondirent, le, serviteur, que, maître, de, venir, famille, une, femme, prière.

Mots à é fermé. — Arriver, et, étant, allé, trouver, entrez, béni, demeurez, préparé, et, entrez, et, déchargez, ôt, et, laver, pieds, et, manger, déclara, prospéré, répondirent, était, ordonné, chercher, engager.

Mots à è ouvert.==Mère, frère, cet, près, êtes, les, les, cet, après, chercher, prière.

GÉOGRAPHIE. — Démonstration sur la carte.

Numéro 17.

Dictée. — *Mots à syllabes nasales.*

Ambition, constance, rarement, audacieusement, humain, savant, science, occasion, assertion, feindre, geindre, gémissement, fin, rébellion, action, purement, simplicité, voluptueusement, volonté, amicalement, rebut, sourd, dimanche, communauté, délicieusement, vingtaine, amusement, causerie, dissimulation, Assimilation, constamment, prudence.

Exercice Grammatical. — *Souligner une fois les mots ayant une voyelle composée, et deux fois les mots ayant un h.*

Mots à voyelles composées. — Lui, chameau, couvrit, voile, serviteur, tout, s'était, eut, pour, douleur, au, avait, causée, épousa, eut, plusieurs, trois, depuis, tous, autres, n'eurent, d'autres, pays, saint.

Mots ayant une *h*. — Chameau, Abraham, Abraham, Céthura, héritier, patriarche.

Géographie. — Démonstration sur la carte.

Numéro 18.

Dictée. — *Mots terminés en ssion ; dans la plupart de ces mots, le son ion est précédé d'un t, ou d'un s, ou d'un x, ou de deux ss.*

Aspersion, complexion, division, portion, maculation, immatriculation, action, potion, accession, accélération, dispersion, concession, dilatation, définition, motion, fluxion, traction, tradition, abréviation, salutation, convulsion, irruption, monition, multiplication, opération, addition, soustraction, variation, compilation.

Exercice Grammatical. — *Souligner tous les mots marqués d'un des signes orthographiques.*

S'en, qu'il, aînesse, pensée, d'aller, à, à, dit-il, bénirai, a, à, pays-ci, j'ai, père, étoiles, bénies, qu'Abraham, obéi, à, qu'il, gardé, béni, étant, s'obscurcirent, qu'il, près, Esaü, aîné, voilà.

Calcul oral. — Exercice au tableau.

Numéro 19.

Dictée. — *Noms.*

Avenir, bocage, souvenir, délice, rumeur, pierre, Jacques, bouleau, misère, Guillaume, fureur, Auguste, salaire, calice, publicité, amorce, Alexandre, bénignité, bégaiement, Martin, cousin, tante, mère, monstruosité, rudesse, opinion, pirate, Gabriel, pirouette, Gustave, amitié, pitié, malice, générosité, vertu.

Exercice Grammatical. — *Souligner tous les noms.*

Jacob, Dieu, Isaac, fils, fils, Esaü, Jacob, Isaac, mains, voix, Jacob, mains, Esaü, fois, fils, Esaü, Jacob, fils, Isaac, chasse, Jacob, Isaac, odeur, habits, odeur, fils, champ, seigneur, Dieu, abondance, blé, vin.

Calcul oral. — Exercice au tableau.

Numéro 20.

Dictée. — *Noms.*

Adam, Paris, Virgile, Homère, habitude, logement, hoquet, haquenée, cheval, camail, soutane, vie, marquis, Hérault, héraut, héros, Clotilde, Marie, Anne, Chimène, Corneille, Bossuet, Rousseau, rousseur, poids, pesanteur, modicité, électricité, commodité, ravaudeur, cirage, inimitié, César, Mirabeau, Auguste, moucheron.

Exercice Grammatical. — *Souligner une fois les noms propres et deux fois les noms communs.*

Noms propres. — Esaü, Jacob, Rébecca, Jacob, Esaü, Chanaan, Rébecca, Isaac, Jacob, Mésopotamie, Isaac, Jacob, Chanaan, Mésopotamie, Laban, Dieu.

Noms communs. — joug, sujet, haine, frère, temps, mort, père, frère, résolution, temps, maison, père, départ, échelle, an, monde, femmes, pays, père, mère, occasion, épouse, famille, femmes, filles, maison, mère, filles, oncle, postérité.

Récapitulation des 5 numéros précédents.

Numéro 21.

Dictée. — *Noms.*

Eglise, religion, chœur, cœur, Jésus, Marie, Joseph.

salut. sainteté. semaine. mois. année. jour. heure. minute. seconde. temps. siècle. symptôme. caractère. signe. langue. éternité. morale. théologie. merveille. puissance. divinité. adoration. tabernacle. temple. ornement.

Exercice Grammatical. — *Souligner une fois les* noms communs *et deux fois les* noms propres.

Noms communs. — Ans, temps, père, bien, mains, bénédiction, travail, soin, troupeaux, profit, ans, service, travail, industrie, temps, fils, œil, pays-là, père, temps. beau-père, famille.

Noms propres. — Rachel, Laban, Jacob, Dieu, Jacob, Laban, Dieu, Laban, Jacob, Dieu, Jacob.

Géographie. — Démonstration sur la carte.

Numéro 22.

Dictée. — *Noms.*

Armée. troupe. guerre. bataille. fusil. sabre. sentinelle. combat. attaque. siége. corps. division. brigade. caporal. sergent. officier. général. maréchal. lieutenant. victoire. défaite. courage. valeur. lâcheté. esprit. génie. présence. désertion. espion. victime.

Exercice Grammatical. = *Souligner une fois les* noms masculins *et deux fois les* féminins.

Noms masculins. — Sommeil, yeux, ans, Dieu, travail, desseins, Jacob, Laban, gendre. Dieu, lendemain, matin, Laban, fils, Jacob, Esaü, an, monde, Jacob, chemin, anges, Dieu, Dieu, Jacob, anges, camp, Dieu.

Noms féminins. — Nuit, affliction, mains, paroles, amitié, présence, filles, entrevue, rencontre, assurance, protection, multitude.

Géographie. — Démonstration sur la carte.

Numéro 23.

Dictée. — *Noms.*

Etude. lettre. syllabe. composition. style. livre. papier. plume. oiseau. chiffon. cartonnage. reliure. imprimerie. plomb. fer. fonte. presse. fil. aiguille. dé. impression.

appartement. tirage. exemplaire. volume. tome. vente. dédicace. don. présent. velin. colle. porte-plume. porte-crayon. dessin. écriture. calligraphe. application. correction. épreuve.

Exercice Grammatical. — *Souligner une fois les noms masculins et deux fois les féminins.*

Noms masculins. — Jacob, homme, Jacob, homme, Israël, Dieu, hommes, lieu, Jacob, lever, soleil, Esaü, hommes, frère, Esaü, yeux, enfants, Jacob.

Noms féminins. — Aurore, larmes, famille, bandes, fois, larmes, mères.

Calcul oral. — Exercice au tableau.

Numéro 24.

Dictée. — *Noms.*

Carrière. pierre. moëllon. ciment. sable. mortier. maison. édifice. pont. arche. arceau. banquette. moulure. ouverture. porte. fenêtre. plafond. boiserie. voûte. muraille. hauteur. largeur. ruine. élévation. plan. coupe. échelle. règle. truelle. niveau. tour. rempart. matériel. démolition. ouvrier. manœuvre. maçon. ouvrage.

Exercice Grammatical. — *Souligner tous les noms au singulier.*

Noms singuliers. — prince, pays, père, Jacob, outrage, fille, vengeance, Hémor, Sichem, fille, temps, famille, Jacob, pays, pays, terre, Jacob, ressentiment, dessein, sœur, homme, circoncision, alliance.

Calcul oral. — Exercice au tableau.

Numéro 25.

Dictée. — *Noms.*

Orateur. discours. geste. exclamation. parabole. son. voix. ton. timbre. éclat. monotonie. harmonie. convenance. invention. disposition. rhéteur. sophisme. raisonnement. logique. philosophie. émotion. conversion. conviction. persuasion. effet. succès. scandale. chûte. prédication. fruit. vivacité. affectation. phrase. période. mémoire.

ÉLÉMENTAIRE.   19

Exercice Grammatical. = *Souligner tous les noms au pluriel.*

Noms au pluriel. — Frères, ans, troupeaux, frères, frères, enfants, couleurs, frères, songes, gerbes, frères.

Récapitulation des numéros 21, 22, 23, 24, 25.

Numéro 26.

Dictée. — *Noms.*

Force. police. fer. chaîne. prison. arrêt. justice. juge. gendarme. huissier. valet. bourreau. menottes. voleur. brigand. menteur. calomniateur. fourbe. homicide. supplice. infamie. meurtrier. assassin. guillotine. forçat. déportation. cellule. condamnation. réquisitoire. procureur. avocat. défenseur. crime. délit. criminel.

Exercice Grammatical. — *Souligner une fois les noms singuliers et deux fois les noms pluriels.*

Noms singuliers. — Jacob, robe, fils, bête, bête, Joseph, cilice, fils, famille, consolation, fils, fond, terre, Joseph, Putiphar, prison, Joseph, Egypte, cour, Pharaon, Putiphar, seigneur, Joseph, maître, Dieu, affection.

Noms pluriels. — habits, ismaëlites, officiers.

Géographie. — Démonstration sur la carte.

Numéro 27.

Dictée. — *Noms.*

Médecin. remède. docteur. opération. gravité. nostalgie. assiduité. visite. exactitude. soin. veille. vigilance. ponctualité. potion. aigreur. réaction. sueur. tremblement. douleur. souffrance. mal. résistance. tête. front. bras. jambes. estomac. poitrine. asthme. calme. repos. sommeil. insomnie. certitude. impossibilité. mort. tombeau.

Exercice Grammatical. = *Copier tous les noms communs et mettre au singulier ceux qui sont au pluriel, et au pluriel ceux qui sont au singulier.*

Noms mis au singulier. — Prisonnier. inquiétude. songe, branche, bouton, fleur, raisin, raisin.

Noms mis au pluriel. — Echansons, panetiers, ordres, rois, gouverneurs, temps, nuits, songes, matins, sujets, songes, échansons, ceps, vignes, coupes, rois, songes.

Géographie. — Démonstration sur la carte.

Numéro 28.

Dictée. — *Noms.*

Vie. vigne. vigneron. serpe. serpette. charrette. fouloir. cuve. tonneau. comporte. cuvette. distillerie. distillation. appareil. grappe. souche. sarment. panier. vendange. livraison. marchand. liquide. pressoir. mesure. hectolitre. barrique. odeur. vinaigre. pureté. limpidité. couleur. récolte. coulure. fleur. soufre. maladie.

Exercice Grammatical. — *Copier tous les noms et mettre au pluriel tous ceux qui sont au singulier, et au singulier tous ceux qui sont au pluriel.*

Noms mis au pluriel. — Rois, réponses, abondances, stérilités, famines, rois, hommes, abondances, parties, ressources, stérilités, conseils, hommes, esprits.

Noms mis au singulier. — Vache, épi, année, année, grain, grenier, ministre.

Calcul oral. — Exercice au tableau.

Numéro 29.

Dictée. — *Noms.*

Marine. vaisseau. barque. pilote. matelot. cordage. gouvernail. planche. mât. hune. perroquet. aviron. rame. canot. nacelle. chaloupe. bordage. cable. roue. voile. toile. vapeur. chambre. cale. beaupré. misaine. poupe. proue. pont. sabord. hamac. baril. poudre. balle. mousquet. canon. boussole. direction. vent. marée. Océan. grêle. glace. mer.

Exercice Grammatical. — *Souligner une fois les noms au singulier et deux fois les noms au pluriel..*

Noms au singulier. — Joseph, vérité, prison, jour, Dieu, blé, pays, prisonnier, frère, langue, justice, frère, douleur, pitié.

Noms au pluriel. — Frères, prisonniers, espons, jours.
Calcul oral. — Exercice au tableau.

Numéro 30.

Dictée. — *Noms.*

Voyage. traversée. onde. ondulation. cours. naufrage. mature. voilure. abordage. fonds. ancre. rivage. rocher. bois. clou. ferrure. quille cabine. entrepont. mirage. désert, côte, soleil. lune. astre. étoile. tempête. orage. ouragan. danger. écueil. péril. perte. espérance. désespoir. prière. bonheur. malheur. alarme. affliction. veuve. marin.

Exercice Grammatical. — *Souligner une fois les* noms communs, *et deux fois les* noms propres.

Noms communs. — Voyage, enfants, an, monde, famine, pays, vivres, enfants, ministre, force, moyen, départ, faim, famille, enfant, compte, nécessité.

Noms propres. — Jacob, Egypte, Jacob, Egypte, Pharaon, Benjamin. Juda, Benjamin, Jacob.

Récapitulation des numéros 26, 27, 28, 29, 30.

Numéro 31.

Dictée. — *Noms.*

Table. chaise. armoire. buffet. lit. planche. étagère. casserole, poêle. ustensile. ménage. foyer. couteau. potager. viande. pain. farine. liqueur. liquoriste. serviette. nappe. essuie-mains. fontaine. lavoir. huile. graisse. charcuterie. pomme. truffe. fromage. four. chauffage. trépied. vase. pot. chaudron. cuisinier. sauce. rôti. bouilli.

Exercice Grammatical. — *Souligner une fois les noms* au singulier *et deux fois les noms* au pluriel.

Noms singuliers. = Table, Joseph, Joseph, ordre, intendant, blé, argent, entrée, sac, coupe, argent, sac, intendant, lendemain, blé, ville, Joseph, intendant, action, argent.

Noms pluriels. — Frères, frères, sacs, gens-là, ânes, reproches.

Géographie. — Démonstration sur la carte.

Numéro 32.

Dictée. — *Noms.*

Afrique. golfe. mer. désert. sable. chaleur. rayon. ardeur. sécheresse. aridité. nègre. sauvage. lion. chameau. dromadaire. tigre. panthère. léopard. lynx. éléphant. île. presqu'île. cap. volcan. inondation. pluie. grêle. neige. froid. vivacité. plume. oiseau. écureuil. singe. perroquet. perruche. beauté. barbarie. antiquité.

Exercice Grammatical. — *Souligner une fois les noms* défectifs, *deux fois les* collectifs, *et trois fois les* partitifs.

Noms défectifs. — Famine, Egypte. Benjamin, Pharaon, Joseph, Egypte, Joseph, Chanaan, Jacob, Joseph, Egypte, vivres.

Noms collectifs. — Famille, famille.

Noms partitifs. — Il n'y en a point.

Géographie. — Démonstration sur la carte.

Numéro 33.

Dictée. — *Noms*

Bois. forêt. écorce. chêne. compagne. profondeur. feuillage. ombre. bosquet. feuilles. branche. racine. fruit. poirier. pommier. pêcher. bouleau. platane. peuplier. frêne. arbrisseau. mûrier. cerisier. meuble. acajou. compère. hêtre. saule. pin. sapin. ébène. table. chaise. lit. bureau.

Exercice Grammatical. — *Copier les noms et mettre* au pluriel *ceux qui sont au singulier, et au singulier ceux qui sont au pluriel.*

Noms au pluriel. — Ans, vieillesses, pays-ci, fils, consolations. espérances. pères, droites. gauches, mains, têtes.

ÉLÉMENTAIRE. 23

Noms mis au singulier. — Force, œil, enfant, enfant, bras, côte, bras.

Calcul oral. — Exercice au tableau.

Numéro 34.

Dictée. — *Noms et articles.*

La menuiserie. les outils. la rose. la fleur. les plantes. les parfums. les costumes. la fiancée. le mariage. les formalités. les noces. la visite. les parures. la beauté. la discrétion. la coquetterie. les manières. le langage. les accords. la rupture. la société. les équipages.

Exercice Grammatical. — *Souligner les articles* le, la, les.

Articles. — Les, la, les.

Calcul oral. — Exercice au tableau.

Numéro 35.

Dictée. — *Noms et articles.*

Le soleil. la lune. les astres. du firmament. les étoiles. au ciel. les diamants. des cieux. l'éclat. à l'homme. du vol. le monstre. aux armées. les batailles. des canons. les joies. des amours. aux mères. du père. au fils. le sentiment. de l'amitié. la pudeur. des femmes. la couleur. du visage. la fraîcheur. au retour.

Exercice Grammatical. — *Souligner une fois les articles élidés et deux fois les contractés.*

Articles élidés. — L'enfant, l'eau.
Articles contractés. — Au, des, des, des.

Récapitulation des numéros 31, 32, 33, 34, 35.

Numéro 36.

Dictée. — *Noms et articles.*

La fleur du jardin. aux parfums de la violette. l'éclat des roses. la blancheur du lys. aux douceurs du repos.

la dureté des os. la saveur des mets. aux couleurs de la peinture. à l'image du sauveur. du souvenir de l'orage. du calme des passions. de la laideur du vice. à la beauté de la vertu. les venins des serpens.

Exercice Grammatical. — *Copier les articles avec les noms qui les accompagnent et mettre au singulier ceux qui sont au pluriel et au pluriel ceux qui sont au singulier.*

Noms et articles mis au singulier. — Le soulier, le cri, de l'enfant, l'enfant.

Noms et articles mis au pluriel. — Des déserts, les seigneurs, les montagnes, des milieux, les seigneurs, les lieux, les Dieux, les Dieux, les visages, les seigneurs.

Géographie. — Démonstration sur la carte.

Numéro 37.

Dictée — *Noms, articles et adjectifs.*

L'hommage respectueux. à l'orange amère. de la douleur profonde. L'éclat brillant de la lune. à l'obscurité sombre des bois. à l'épaisseur des noires forêts. l'effroi subit de la maladie. la modestie extraordinaire de cet homme. la bonté immense de notre créateur. un nombre incalculable d'insectes malfaisants. la malice de cet enfant méchant.

Exercice Grammatical. — *Souligner tous les adjectifs.*

Adjectifs. — muet, sourd, aveugle, votre, votre, votre, anciens.

Géographie. — Démonstration sur la carte.

Numéro 38.

Dictée. — *Noms, articles et adjectifs.*

Ce brave guerrier. le combat glorieux. du récit intéressant. de l'infortune déplorable. la marche rapide du fléau. à l'invasion effrayante de la peste. à la valeur indomptable de nos troupes. l'intrépidité incomparable du soldat français. la facilité surprenante de la mémoire de cet élève. la surprise agréable de l'arrivée imprévue de notre bon père.

Exercice Grammatical. — *Souligner une fois les* adjectifs qualificatifs *et deux fois les* déterminatifs.

Adjectifs qualificatifs. — Grand, éclatant.

Adjectifs déterminatifs. — Tout, son, ma, un, ma, un, ma, mon, ses.

Calcul oral. — Exercice au tableau.

Numéro 39.

Dictée. — *Noms, articles et adjectifs.*

L'ardeur inouïe de ces élèves. Des progrès sensibles de nos enfants. Les devoirs difficiles de la classe. Aux leçons savantes de notre professeur. De l'écriture nette de leurs modèles. Au dessin gracieux. La peine insurmontable de notre répulsion. Son zèle ardent. A la paresse incompréhensible de ces ouvriers. La stupidité de cet animal bavard.

Exercice Grammatical. — *Souligner une fois les* adjectifs déterminatifs *et deux fois les* démonstratifs.

Adjectifs déterminatifs. — Leur, toutes, ces, tout, tout, mon, mon, toutes, mes, votre, vos, votre, nul, toute, ma, votre.

Adjectifs démonstratifs. — Ces.

Calcul oral. — Exercice au tableau.

Numéro 40.

Dictée. — *Noms, articles et adjectifs.*

La soie verte de mon habit. Le pantalon blanc de la saison chaude. Le chapeau de la jeune fille. Cet habillement élégant de la femme coquette. Une chevelure blonde. Vingt pièces de gibier délicieux. Quarante-huit douzaines de mouchoirs violets. Nul homme savant. Aucun soldat français. Tous les hauts faits de nos vaillantes armées.

Exercice Grammatical. — *Souligner une fois les adjectifs* déterminatifs *et deux fois les* démonstratifs.

Adjectifs déterminatifs. — Son, tout, six cent mille, un, toutes, leurs, tous, ce, votre, un, quatorzième, sept.

Adjectifs démonstratifs. — Ce.
Récapitulation des numéros 36, 37, 38, 39, 40.

Numéros 41.

Dictée. — *Noms, articles et adjectifs.*

Les douceurs du printemps agréable. Mon livre précieux. Notre papier sale. Ma lampe fumeuse. Mes vêtements noirs. Nos amusements inutiles. Ton père infirme. Son perroquet gris. Votre cheval furieux. Leur carrosse léger. Ta perruque blanche. Sa couleur rouge. Tes attraits vieillis. Ses pommes douces. Vos douleurs cuisantes. Leurs amis trompeurs.

Exercice Grammatical. — *Souligner une fois les adjectifs déterminatifs et deux fois les possessifs.*

Adjectifs déterminatifs. = Ce, ce, leur, sa.
Adjectifs possessifs. — Leur, sa.

Géographie. — Démonstration sur la carte.

Numéro 42.

Dictée. — *Noms, articles et adjectifs.*

Ce livre savant. De cet enfant docile. Cette désobéissance exécrable. A ces auteurs pédants. De ce bureau solide. A ces mensonges absurdes. A l'impiété de ces sophistes pervers. Le calme de cette personne insensible. A ces transports enthousiastes d'admiration. Les fureurs de cette colère insensée. La personnalité de cette attaque calomnieuse.

Exercice Grammatical. — *Souligner une fois les adjectifs déterminatifs démonstratifs et deux fois les possessifs.*

Adjectifs démonstratifs. = Ce, ce.
Adjectifs possessifs. — Sa, vos.

Géographie. — Démonstration sur la carte.

Numéro 43.

Dictée. = *Noms, articles et adjectifs.*

Une poignée de cheveux. Dix-huit paires de souliers neufs. La première faute. Une troisième bataille. La vingtième page du tome quatrième. Le sixième volume de cette histoire intéressante. Les douze maréchaux de France. Les cent-vingt régiments d'infanterie. Le troisième bataillon du quinzième régiment de chasseurs. La deuxième compagnie du premier bataillon. Un enfant sage et obéissant. Une vie tranquille et heureuse.

EXERCICE GRAMMATICAL. — *Souligner une fois les adjectifs numéraux* cardinaux *et deux fois les* ordinaux.

Adjectifs cardinaux. — Un.
Adjectifs ordinaux. — Il n'y en a point.

CALCUL ORAL. — Exercice au tableau.

Numéro 44.

DICTÉE. = *Noms, articles et adjectifs.*

Chaque passager du navire. Nul auteur du crime impardonnable. Aucun arbre fruitier. Tout poète malheureux. La fille même. Plusieurs tableaux délicats. Tel roman immoral. Quel sinistre visage. Quelque cruauté atroce. Un objet quelconque. Une table quelconque. Un autre vase quelconque. Quelques autres coureurs d'aventures. Quelle passion funeste. Quels hommages respectueux. Tous les cœurs sensibles. Telles passions perverses.

EXERCICE GRAMMATICAL. = *Souligner une fois les adjectifs* déterminatifs *et deux fois les* indéfinis.

Adjectifs déterminatifs. = Tous, quelque, votre, ce, vos, toutes.
Adjectifs indéfinis. — Tous, quelque, toutes.

CALCUL ORAL. — Exercice au tableau.

Numéro 45.

DICTÉE. — *Noms, articles et adjectifs.*

L'aventure piquante de ce chevalier d'industrie. Les crimes horribles des pages de l'histoire. L'amour coupable de cette femme adultère. Les tourments inouïs des saints martyrs. La foi victorieuse des confesseurs. La pureté de ces vierges timides. La protection divine. Des miracles étonnants. Les conversions merveilleuses. Un spectacle déchirant. Des cris menaçants. Un mouvement extraordinaire des troupes.

Exercice Grammatical. = *Souligner une fois les adjectifs* qualificatifs *et deux fois les* déterminatifs.

Adjectifs qualificatifs. — Epaisse, grand.

Adjectifs déterminatifs. — Troisième, trois, tout, tout, tout, troisième, une, une, un, sa, dix, ces.

Récapitulation des numéros 41, 42, 43, 44, 45.

Numéro 46.

Dictée. — *Noms, articles et adjectifs.*

La sagesse éprouvée de mon fils. La rapacité de l'audacieux vautour. A l'adresse de l'oiseleur vigilant. La copie semblable au modèle. Pour l'ami fidèle et constant. Du ciel éblouissant. Les étincelantes étoiles. Le courroux vengeur de Dieu. La fatalité déplorable de nos destinées. La misère croissante des malheureux habitants de notre infortuné pays. A la gloutonnerie des immenses serpents du nouveau monde.

Exercice Grammatical. — *Souligner tous les adjectifs au* féminin singulier.

Adjectifs au féminin singulier. — Sa, sa, toute, couverte.

Géographie. = Démonstration sur la carte.

Numéro 47.

Dictée — *Noms, articles et adjectifs.*

Le vieux bureau de notre maitre. Cette belle encre bleue. Au crayon dur et noir. Votre papier fin et blanc. Ta lampe brillante et moderne. Son tiroir profond et sûr. Sa clef forte et curieuse. Nos brosses noires et rudes. Les fermoirs dorés de votre livre de prière. Les tableaux magnifiques de nos peintres habiles. La blancheur de nos murs restaurés. La petite étendue de mon modeste appartement. Aux chaises commodes de l'humble parloir.

Exercice Grammatical. — *Souligner une fois les adjectifs* masculins *et déux fois les* féminins.

Adjectifs masculins. = Votre, son, autre, bon, compatissant, votre, vos, méchants, faux.
Adjectifs féminins. — Rigoureuses, aucune.
Géographie. — Démonstration sur la carte.

Numéro 48.

Dictée. — *Noms, articles et adjectifs.*

Cette terre fertile. A la rose charmante. Les eaux limpides. De la nourriture substantielle. Aux bêtes féroces. Les vents furieux. A la tendre corolle. Des tulipes magnifiques. La plante sauvage. Les herbes de nos prairies. Les forêts antiques. Leurs épines piquantes. Le laboureur diligent. Cette route fréquentée. La porte tremblante de l'humble cabane. Nos valets laborieux. Une table simple et bonne. A l'heure lente du souper.

Exercice Grammatical. — *Souligner une fois les adjectifs* masculins *et deux fois les* féminins.

Adjectifs masculins. — Tout, un, tout, tout, tout.
Adjectifs féminins. — Votre, toutes, une toutes, une, l'autre.

Calcul oral. — Exercice au tableau.

Numéro 49.

Dictée. = *Noms, articles et adjectifs.*

Aux poètes élégants. Les palmes glorieuses. De la gloire immortelle. Cette vie longue et féconde. Quelques peines insupportables. Aux pirates audacieux. Les ondes azurées. La vie paisible. Nos matelots hardis. Une proie facile. Les soins minutieux. L'austère justice. La sagesse providentielle du seigneur. Les étoiles innombrables de cet univers. Les palais somptueux de nos rois.

Exercice Grammatical. — *Copier les* adjectifs *et mettre au féminin ceux qui sont au masculin, et au* masculin *ceux qui sont au féminin.*

Adjectifs mis au féminin. = Grande, cette.
Adjectifs mis au masculin. — Dur.

CALCUL ORAL. — Exercice au tableau.

Numéro 50.

DICTÉE. — *Noms, articles et adjectifs.*

Ces habitants étrangers. Une modeste étable. La pourpre éclatante des rois. Les mouches légères. Des fables instructives. Les cochers étourdis. Des sables mouvants. Des routes poudreuses. La déesse bienfaisante. Toute puissance stérile. Les frêles barques. A la fortune inconstante. Le terrible nocher. Des familles pauvres et honnêtes. A la patrie ingrate. Les sensibles compagnes de ma fille. La main droite du guerrier. Ce greffier fourbe et astucieux. A la munificence royale. Un sincère pardon. Cette heureuse audace.

EXERCICE GRAMMATICAL. — *Copier les* adjectifs *et mettre au* masculin *ceux qui sont au féminin, et au* féminin *ceux qui sont au masculin.*

Adjectifs mis au masculin. — Ce, vos, un, dur, quel, terribles.

Adjectifs mis au féminin. = Cette, coupable, grande, votre, ma, cette, ma, cette, cette, une, toutes, vos, leurs.

RÉCAPITULATION des numéros 46, 47, 48, 49, 50.

Numéro 51.

DICTÉE. — *Noms, articles et adjectifs.*

Les vœux ardents. Du peuple malheureux. Le Dieu tout-puissant. O génie profond. Des tombeaux antiques. Les sujets gracieux. Du fidèle ami. Ces peuples audacieux. De la tombe muette. Nos anges gardiens. L'agneau mystique. Des Dieux vengeurs. Les chœurs immortels des muses. Un puissant secours. Au poète désespéré. Des guerres impies. Les vaines idoles des pays. Les enfants légers. Les jeux frivoles. Des ambassadeurs adroits. La Providence céleste. Un œil vigilant.

Exercice Grammatical. — *Souligner une fois les adjectifs singuliers et deux fois les adjectifs pluriels.*

Adjectifs singuliers. — Ma, mon, rayonnant, prêt, grand, seul, son, grand, l'éternel, souverain, tout-puissant, plein, lent, riche, véritable, sa, mille, nul, innocent, même.

Adjectifs pluriels. — Secondes, deux, semblables, premières, deux, deux, ses.

Géographie. — Démonstration sur la carte.

Numéro 52.

Dictée. — *Noms, articles et adjectifs.*

Les esclaves fugitifs. Les paysans. Le nid solide. Du rossignol chanteur. Les ormes des fraîches prairies. Un doux ombrage. Les hauts peupliers. Le vaste ciel. Les bûcherons infatigables. Le hêtre dur. Le frère léger. Les poiriers utiles. Des jardins cultivés. Les sables stériles. Les œufs nombreux des crocodiles. La bonne renommée du vin délicieux de l'île de Chypre. Une pesante charrue. Les bornes étroites. Du territoire étendu. L'exemple fameux de la fourmi infatigable.

Exercice Grammatical. — *Copier tous les adjectifs et mettre au pluriel ceux qui sont au singulier, et au singulier ceux qui sont au pluriel.*

Adjectifs mis au pluriel. — Précieux, bons, obligés, uns, ses, grands, nécessaires, tous, achevés.

Adjectifs mis au singulier. — Toute, différente, même, leur, tout, leur, tout, ce, rempli, toute, tout.

Géographie. — Démonstration sur la carte.

Numéro 53.

Dictée. — *Noms, articles et adjectifs*

Notre devoir rigoureux. Des enfants sages et laborieux. Les hommes vertueux et expérimentés. Une grande confiance. Aux songes vains et trompeurs. Un festin splendide. Au beau-père de mon fils. Les sangliers cruels. Vos champs cultivés. Le loup méchant. Une mauvaise querelle. A l'agneau timide. La gloire éternelle du Dieu, maître souverain de la terre et des cieux. Le mal pernicieux. Le bien utile. La sainte assemblée des hommes justes et pieux. Le danger inévitable de son compagnon.

EXERCICE GRAMMATICAL. — *Souligner une fois les adjectifs, et deux fois les noms* compléments *de ces adjectifs.*

Adjectifs. — Sainte, deux, tout, divin, même, une, sainte, une, fin, une.

Noms compléments. — Il n'y en a point.

CALCUL ORAL. — Exercice au tableau.

Numéro 54.

DICTÉE. — *Noms, articles et adjectifs.*

Un lieu sûr. Un char rapide. Les membres déchirés de son ami. Le noble prix du courage. Le terrain sanglant de la victoire. Un long sillon. Les petits champs. Un vaste et délicieux jardin. Les savants philosophes. Les habiles poètes. Les amis fidèles des dieux. Les paroles profondes de la sagesse. Les oracles infaillibles de la science. Les prairies émaillées de fleurs. Les entretiens sévères des doctes précepteurs de la terre. Les épines perçantes. Les durs rochers. Le monstre effrayant. La sourde colère. Le vœu indiscret de la folie.

EXERCICE GRAMMATICAL. — *Souligner une fois les adjectifs, et deux fois les* noms *auxquels ils se rapportent.*

Adjectifs. — Un, une, un, une, sa, tout, entier, trois, un, sa, infinie, entière, pacifique, quelque, droite.

Noms. — Bœuf, génisse, agneau, chèvre, défaut, coupe, peau, animal, espèces, sacrifice, sacrifice, majesté, victime, sacrifice, bienfait, l'épaule.

CALCUL ORAL. — Exercice au tableau.

Numéro 55.

DICTÉE. — *Noms, articles et adjectifs.*

Les freins lâches. Une fuite tumultueuse. Des coursiers furieux. Les rênes flottantes. La perte de la vie. La chaleur modérée du doux printemps. Les vieillards épuisés. Les prêtres saints. Le fiel amer des victimes. Un moineau orgueilleux. Un lièvre craintif. Les douleurs cuisantes du lièvre. Les moineaux étourdis. L'aigle fier. Les rayons ardents du soleil. Les sénateurs fermes et constants. Des louanges méritées aux consuls victorieux. La proie facile. La voracité insatiable. Des vautours rapaces. Les voleurs effrontés. La lumière éclatante du soleil radieux.

Exercice Grammatical. — *Souligner une fois les adjectifs et deux fois les noms auxquels ils se rapportent.*

Adjectifs. — Quinzième, septième, tous, sept, leurs, promise, ces, trois, tous, vides, cinq, dixième, septième.

Noms. — Jour, mois, fruits, jours, pères, terre, fêtes, mâles, mains, jours, jour, mois.

Récapitulation des numéros 51, 52, 53, 54, 55.

Numéro 56.

Dictée. — *Noms, articles et adjectifs.*

Les reins du voyageur infatigable. Au foyer de nos ancêtres. Ma sœur tendre et chérie. Les enfants de l'épouse chrétienne. Aux femmes débauchées de la Grèce. Les parures mondaines de nos filles. Les feuilles pâles des arbres. Les sacrifices humains des Druides. Nos ennemis vaincus. La crainte puérile des éclairs. Les jeunes gens instruits. Le Vésuve, montagne élevée. La louve attendrie. Les mamelles pendantes. A la bouche des petits enfants.

Exercice Grammatical. — *Souligner une fois les adjectifs et deux fois les noms compléments de ces adjectifs.*

Adjectifs. — Toute, votre, mes, mes, saints, saint, votre, son, votre, sourd, aveugle, votre.

Noms compléments. — Il n'y en a point.

Géographie. — Démonstration sur la carte.

Numéro 57.

Dictée. — *Noms, articles et adjectifs.*

Les vaisseaux chargés de miel et de blé. Les printemps

échauffés des climats méridionaux. Des briques fortes et épaisses. Les gazons verdoyants des vallées. L'humidité nécessaire aux semences. Les perdrix, mets succulents et agréables à la bouche. La peau tendue des outres pleines de vin. Les matelots utiles à la conduite d'un vaisseau. La blancheur éclatante de l'ivoire. La force invincible de Samson. Les longs cheveux du libérateur de la Judée.

EXERCICE GRAMMATICAL. — *Souligner tous les adjectifs au positif.*

Adjectifs au positif. — Malin, adultère, adultère.

GÉOGRAPHIE. — Démonstration sur la carte.

Numéro 58.

DICTÉE. — *Noms, articles et adjectifs.*

Les mauvais conseils, cause de la perte des bons élèves. Une fureur grande. Cette longue javeline. Deux larges blessures. Un petit soliveau, roi des grenouilles. Le saint zèle des chrétiens. Le tombeau ancien et vénéré du divin maître. Tous les honneurs humains et divins, récompense d'Alcibiade. La nouvelle ville de Rome. Les peuples heureux, sous un doux gouvernement. Les froids piquants des rudes hivers. Le sol fécond de la belle Bétique.

EXERCICE GRAMMATICAL. — *Souligner une fois les comparatifs de supériorité et deux fois ceux d'infériorité.*

Comparatifs de supériorité. — Il n'y en a point.
Comparatifs d'infériorité. — Il n'y en a point.

CALCUL ORAL. — Exercice au tableau.

Numéro 59.

DICTÉE. — *Noms, articles et adjectifs.*

Le feuillage plus épais des arbres. Les gazons moins frais de la vallée. Les tendres agneaux des brebis plus grasses. Le miel des abeilles plus industrieuses. Les fleurs aussi nouvelles que le printemps. Les habitants plus tranquilles de nos campagnes. La guerre aussi affreuse que la peste. Les cités moins paisibles que les hameaux. Le séjour des villes moins agréable que l'humble asile des champs. Le chien aussi maigre que le loup.

EXERCICE GRAMMATICAL. — *Souligner une fois les adjectifs et deux fois les comparatifs d'égalité.*

Adjectifs. — Vaine, un, même, trois, aucune, tous, trois, terribles.

Comparatifs d'égalité. — Il n'y en a point.

CALCUL ORAL. — Exercice au tableau.

Numéro 60.

DICTÉE. — *Noms, articles et adjectifs.*

Les forêts plus noires que la sombre nuit. Le séjour plus agréable de la campagne. Un aussi bienveillant ami que mon père regretté. Une terre moins bonne que la terre de nos montagnes. Des arbres aussi grands que le haut peuplier d'Italie. Les mauvaises mœurs aussi funestes que l'opium mortel, cause d'une mort prématurée. Des hommes aussi petits que les Pygmées. Le cou plus long des grues.

EXERCICE GRAMMATICAL. — *Souligner une fois les adjectifs et deux fois les comparatifs.*

Adjectifs. — Son, aucune, servile, un, un, tout, leur, tout, ce, leurs, leurs, une, une.

Comparatifs. — Il n'y en a point.

RÉCAPITULATION des numéros 56, 57, 58, 59, 60.

Numéro 61.

DICTÉE. — *Noms, articles et adjectifs.*

Le mal affreux, plus affreux, moins affreux, aussi affreux, très-affreux, le plus affreux. Un voyage fort heureux. Un nuage bien noir. La plus horrible tempête. L'enfant le plus paresseux de la classe. Cet homme très-laborieux. La peinture des grands artistes, le plus beau des arts. Des évènements très-anciens. Ma mère malade, plus malade, très-malade. Une fièvre très-fréquente, cause de son mal. Des habits très-noirs. Une douleur bien pénible.

Exercice Grammatical. = *Souligner une fois les* comparatifs *et deux fois les* superlatifs.

Comparatifs. — Il n'y en a point.
Superlatifs. — Il n'y en a point.
Géographie. — Démonstration sur la carte.

Numéro 62

Dictée. — *Noms, articles et adjectifs.*
La vie de l'homme très-courte. Les actions les plus utiles. Les racines de la science fort amères. Les fruits très-doux. Les livres les plus utiles semblables aux amis les plus fidèles. Mes conseils salutaires. Vos plus agréables consolations. Le fardeau très-pesant du pouvoir. La vie plus facile du plus simple citoyen. Le rat des champs plus léger que le rat de ville.. Le dauphin, animal bien fidèle. La mémoire immortelle des hommes très-illustres.

Exercice Grammatical. — *Souligner une fois les* adjectifs, *et deux fois les* superlatifs relatifs.

Adjectifs. — Un, infini, deux, plusieurs, cette, grande, plusieurs, ce, sa, jaloux, grande, sa, quelque.

Superlatifs relatifs. — Il n'y en a point.

Géographie. — Démonstration sur la carte.

Numéro 63.

Dictée. — *Noms, articles et adjectifs.*
Les vaches grasses du fleuve du Nil. Une abondance très-agréable aux habitants de l'Egypte. Les vaches plus maigres de la même vallée. Une disette fort triste. La parole de Dieu semblable à un grain de moutarde. Une pierre très-dure. Les ronces, herbes plus stériles. Une bonne terre, fertile et féconde. De très-belles moissons. La direction facile de l'arbre jeune et faible. Le redressement impossible des vieux arbres.

Exercice Grammatical. — *Souligner une fois les* noms communs, *et deux fois les* noms propres.

Noms communs. — Fruits, hommes, tour, terre, camp,

jour, pays-là, grenades, figues, branche, vigne, raisins, hommes, levier, peuple, rapport, enfants, fruits, terre, pays, pays, ruisseau, lait, miel, villes, murailles, habitants, grandeur, géants, sauterelles.

Noms propres. = Chanaan, Israélites, Israël.

CALCUL ORAL. — Exercice au tableau.

Numéro 64.

DICTÉE. — *Noms, articles et adjectifs.*

La noble audace de la victime de leurs trames criminelles. Le cheval utile à l'homme. Les mouvements légers de ce noble animal, doué d'un caractère doux et facile, obéissant à la voix du cavalier et à la main du maître. Turenne, guerrier illustre, modeste dans ses habillements et dans son langage. Un vêtement aussi court que le vêtement d'un domestique. Le valet de chambre joyeux du brave général. Cette reine plus avide de vengeance que soigneuse de ses intérêts.

EXERCICE GRAMMATICAL. — *Souligner une fois les noms masculins et deux fois les féminins.*

Noms masculins. — Coup, seigneur, tabernacle, seigneur, Moïse, peuple, miracles, yeux, peuple, seigneur, lieu, Égyptiens, Chananéens, peuple, désert, pays, Dieu.

Noms féminins. — Gloire, parole, peste, conduite, grâce, grandeur, miséricorde, terre.

CALCUL ORAL. = Exercice au tableau.

Numéro 65.

DICTÉE. — *Noms, articles et adjectifs.*

Des amis fidèles de la malheureuse princesse. La célèbre ville de Carthage dans la brûlante Afrique. La mère tendre. Du doux sourire. Le joug honteux des cruels Tarquins. La noble ardeur des révoltés. Ces tyrans farouches. Du sol sacré de la patrie. L'esclave fidèle de l'illustre Sabinus, semblable à une ombre dans la nuit obscure. A l'obscur souterrain. Le fardeau très-lourd. Le voyageur ravi de la beauté champêtre de la vallée. Aux sommets infranchissables des montagnes escarpées.

Exercice Grammatical. — *Souligner une fois les* noms singuliers *et deux fois les* noms pluriels.

Noms singuliers. — Aveuglement, arche, alliance, Moïse, camp, fuite, nombre, camp, seigneur, oreille, prière, Coré, Dathan, Abiron, verge, Aaron, Coré, Dathan, Abiron, Moïse, Aaron, désert, révolte, peuple, Coré, tribu, Lévi, Ruben, Aaron, sacerdoce.

Noms pluriels. — Montagnes, amalécites, chananéens, montagnes, Israëlites, hommes.

Récapitulation des numéros 61, 62, 63, 64, 65.

Numéro 66.

(*L'impossibilité de donner un sens à un assemblage de pronoms personnels sans verbe, nous oblige à remettre après le verbe* être *les dictées dans lesquelles doivent entrer les pronoms personnels.*)

Dictée. = *Noms, articles et adjectifs.*

Un aspect admirable aux yeux. Un sol glissant sous les pieds de l'observateur. Le danger horrible, accroissement du doux plaisir. La fortune souriant aux hommes audacieux. Horace, le premier, tout fier de sa victoire. Le savetier prudent. Les frêlons paresseux, semblables par le corps aux abeilles habiles. Nos soldats, présents à cette bataille. L'union, condition indispensable de la puissance. Le général de Carthage moins habile ou moins heureux que son ennemi. L'homme actif. Les ruses des fourbes et des trompeurs moins fortes que la droiture des hommes simples.

Exercice Grammatical. — *Souligner une fois les pronoms de la* première personne, *et deux fois ceux de la* seconde.

Pronoms de la première personne. — Je, me, je.
Pronoms de la deuxième personne. — Vous, vous, vous, vous.

Géographie. — Démonstration sur la carte.

Numéro 67.

Dictée. — *Noms, articles et adjectifs.*

Une troupe hardie de beaux cavaliers. Ce rocher escarpé et d'une médiocre hauteur. La marche trompeuse et habile de l'ennemi fier de la victoire. Ce double avantage. L'armée romaine sauvée d'un grand danger. Les épaisses forêts des druides trompeurs. Les armes puissantes du divin Achille. Leur haute fortune. Son naturel honteux. Un grand nombre de renards. Des flambeaux ardents attachés à la queue de ces animaux rusés.

Exercice Grammatical. — *Souligner une fois les pronoms de la première et de la deuxième personne, deux fois le pronom* vous *mis au lieu de* tu, *et trois fois les pronoms de la* troisième personne.

Pronoms de la première et de la deuxième personne. = Il n'y en a point.

Pronoms *vous* au lieu de *tu*. — Il n'y en a point.

Pronoms de la troisième personne. = Il, y, l', lui, la, elle, sa, il, y, ils, se, leur, ils, les, les, ils, se, leur.

Géographie. — Démonstration sur la carte.

Numéro 68.

Dictée. — *Noms, articles et adjectifs.*

Les renards effrayés dans les champs fertiles des Philistins. Une figue fraîche apportée aux sénateurs désunis. Les castors, animaux habiles, constructeurs de demeures élégantes. La queue de ces animaux, semblable à une main intelligente. Ces nations riches et puissantes. Ces peuples, fiers d'une victoire récente, adonnés aux paisibles travaux de l'agriculture. Le temps, chose précieuse.

Exercice Grammatical. — *Souligner une fois les pronoms* masculins *et deux fois les pronoms* féminins *des trois personnes.*

Pronoms masculins. — Ils, il, eux, ils, leur, ils, nous, nous, nous, nous, nous, ils, les, ils.

Pronoms féminins. — Il n'y en a point.

Calcul oral. — Exercice au tableau.

Numéro 69.

Dictée. — *Noms, articles, adjectifs et pronoms.*

Cet enfant plus habile que toi. Cette fille plus intelligente que vous. Votre mère moins heureuse que nous. Ce soldat plus agile que moi. Votre fils aussi beau que lui. Votre femme meilleure qu'elle. Ces animaux plus dociles qu'eux. Nos amis plus laborieux que nous. Vos sœurs aussi bonnes qu'elles. La clarté, premier mérite du langage. La sagesse, science des choses divines et humaines.

Exercice Grammatical. — *Souligner une fois les* pronoms singuliers *et trois fois les* pronoms pluriels *des trois personnes.*

Pronoms singuliers. — Se, le, lui, lui, lui, vous, il il.
Pronoms pluriels. — Leur, leur, les.

Calcul oral. — Exercice au tableau.

Numéro 70.

Dictée. — *Noms, articles, adjectifs et pronoms.*

La longue fréquentation des hommes bons. De vifs sentiments d'affection. La culture des champs salutaire à tout le genre humain. La probité plus agréable à Dieu que la richesse. Mon frère aussi puissant que toi. Ta sœur aussi sage qu'elle. Nos aïeux moins habiles que nous. Vos ancêtres plus pieux que vous. Mon ennemi plus méchant que moi, plus fourbe que toi, plus cruel que lui, plus audacieux qu'eux, plus rusé que vous, plus acharné que nous.

Exercice Grammatical. — *Souligner les pronoms* personnels.

Pronoms personnels. — Se, lui, je, vous, lui, lui, il, lui, je, me, le, il, lui, le, se, se, se.

Récapitulation des numéros 66, 67, 68, 69, 70.

Numéro 71.

Dictée. — *Noms, articles, adjectifs et pronoms.*

Ma fille plus gracieuse que vous. Votre tante plus reconnaissante qu'elle. Tes cousines plus gentilles que toi, plus aimables que vous, plus gracieuses qu'elles. La vie des hommes soumise aux décrets de la loi suprême. Cet esprit élevé, exempt de tout souci, de toute inquiétude. Nul guerrier plus courageux que lui. Le bienfait et l'injure aussi opposée que le vice et la vertu. L'association chrétienne, source de toute vertu et de tout bonheur.

EXERCICE GRAMMATICAL. — *Souligner les pronoms personnels de la* première personne.

Pronoms personnels de la première personne. — Il n'y en a point.

GÉOGRAPHIE. — Démonstration sur la carte.

Numéro 72.

DICTÉE. — *Noms, articles, adjectifs et pronoms..*

Nulle femme plus malheureuse qu'elle. La pauvreté honteuse pour lui. Le lion roi des animaux, à la voix terrible, au grand courage, à la légèreté admirable. Nul animal plus fier que lui. La mémoire, trésor de toutes choses, précieuse faculté de l'homme. Une grande récompense à l'homme probe et juste. Aucun père plus digne que lui. L'olivier plus agréable à Minerve que les arbres stériles.

EXERCICE GRAMMATICAL. — *Souligner les pronoms personnels* pluriels.

Pronoms personnels pluriels. — Vous, vous, les, vous, leur, leur.

GÉOGRAPHIE. = Démonstration sur la carte.

Numéro 73.

DICTÉE. — *Noms, articles, adjectifs et pronoms.*

Les princes arabes plus généreux que les rois ; leurs palais plus beaux et plus riches ; leurs vêtements plus élégants ; leurs entreprises plus magnifiques. Le temple de Delphes plus saint que les temples des autres villes de la Grèce. Le roseau plus faible que le chêne, et moins fort que lui. Nos femmes plus chéries qu'elles, plus adroites que nous, plus spirituelles que vous.

Exercice Grammatical. — *Souligner les pronoms personnels de la* première personne.

Pronoms personnels de la première personne. — Il n'y en a point.

Calcul oral. — Exercice au tableau.

Numéro 74.

Dictée. = *Noms, articles, adjectifs et pronoms.*

Mon père plus capable que moi, plus actif que toi, plus savant que lui, plus industrieux qu'eux tous. Le travail plus utile à l'homme que les richesses. Les jardins ornés de fleurs plus agréables que les fermes. Les fermes plus utiles que les jardins. Des voleurs plus hardis que les officiers de police. L'assemblée des Dieux païens plus brillante que la cour céleste des chrétiens, et le ciel des chrétiens plus vénérable.

Exercice Grammatical. — *Souligner les pronoms personnels de la* deuxième personne.

Pronoms personnels de la deuxième personne. — Vous, vous, *et tous les* vous *de la leçon.*

Calcul oral. — Exercice au tableau.

Numéro 75.

Dictée. = *Noms, articles, adjectifs et pronoms.*

La poésie plus agréable que l'histoire. L'histoire plus instructive que la poésie. Dieu plus attentif aux prières d'Abel. Le sacrifice de Caïn plus intéressé que le sacrifice de son frère. Le chant de la vertu plus mélodieux que le chant du vice. La sagesse plus belle que la folie. Les qualités de l'âme préférables aux qualités du corps. Notre mère plus pieuse que moi, plus douce que toi, plus modeste qu'elle, plus sensible que toutes les autres femmes.

ÉLÉMENTAIRE.

Exercice Grammatical. — *Souligner les pronoms personnels de la* troisième personne.

Pronoms personnels de la troisième personne. — Ils, il, lui, leur, ils, le, le, ils, il.

Récapitulation des numéros 71, 72, 73, 74, 75.

Numéro 76.

Dictée. — *Noms, articles, adjectifs et pronoms.*

Mon prédécesseur plus heureux que moi, plus zélé que toi, plus soigneux que lui. Le corps des vieillards plus faibles, plus pesants. Leurs membres plus raides et moins souples, leurs sens plus engourdis. La vieillesse plus respectable que la jeunesse, plus exempte de passions, plus libre de folles inquiétudes, plus éloignée des véritables maux. Le gazon de la prairie plus tendre que la paille des champs.

Exercice Grammatical. — *Souligner une fois les pronoms personnels et deux fois les pronoms possessifs.*

Pronoms personnels. — Vous, vous, vous, vous, vous, le, il, il, il, vous, vous, vous, vous, vous, l', vous, la.

Pronoms possessifs. = Il n'y en a point.

Géographie. = Démonstration sur la carte.

Numéro 77.

Dictée. — *Noms, articles, adjectifs et pronoms.*

Cette brebis plus noire que la nôtre. Votre berger plus paresseux que le mien. Le loup très-semblable au chien. Cet animal plus fidèle et moins vorace que lui. L'amour filial le plus saint et le plus facile des devoirs. Ma plume plus élégante que la sienne. Mon chapeau moins beau que le tien. Mes devoirs mieux faits que les vôtres. Ma tante plus libérale que la leur.

Exercice Grammatical. — *Souligner une fois les pronoms possessifs et deux fois les pronoms démonstratifs.*

Pronoms possessifs. — Il n'y en point.
Pronoms démonstratifs. — Il n'y en a point.

Géographie. — Démonstration sur la carte.

Numéro 78.

Dictée. — *Noms, articles, adjectifs et pronoms.*

Mon livre et le tien sont déchirés ; celui-ci plus vieux que celui-là. Votre obstination insupportable. Son caractère plus doux que le vôtre ; celui de votre cousin plus inégal que le mien. Leur avenir plus riant que le nôtre. Celui-là plus heureux que celui-ci. Leurs parures plus brillantes que celles de mes sœurs. Celles-ci plus modestes que celles-là.

Exercice Grammatical. = *Souligner une fois les pronoms* personnels, *deux fois les* possessifs *et trois fois les* démonstratifs.

Pronoms personnels. — Il, le, je, vous, lui, il, j', je, vous, vous, vous, le, y, vous, vous.
Pronoms possessifs. — Il n'y en a point.
Pronoms démonstratifs. — Ce.

Calcul oral. — Exercice au tableau.

Numéro 79.

Dictée. — *Noms, articles, adjectifs et pronoms.*

Les armes des animaux les plus faibles. Le chien et le cheval, les plus fidèles de tous les animaux, celui-ci un des plus fiers, celui-là un des plus intelligents, tous deux très-dignes d'estime. L'or, le plus lourd de tous les métaux, plus rare que l'argent, plus estimé que celui-ci. Néron et Caligula, deux empereurs romains très-cruels ; celui-ci plus insensé que celui-là.

Exercice Grammatical. — *Souligner les pronoms* personnels possessifs *et* démonstratifs.

Pronoms personnels, possessifs et démonstratifs. — En, les, les, ils, je, vous, nous, nous, vous, nous, moi, vous.
Calcul-oral. — Exercice au tableau.

Numéro 80.

Dictée. — *Noms, articles, adjectifs et pronoms.*

La colère, le plus grand de nos ennemis, la plus impérieuse de nos passions. Des travaux difficiles devenus très-faciles aux hommes courageux. Mes parents et les vôtres bien différents de caractère ; ceux-ci plus sévères, ceux-là plus doux. Ces deux femmes d'une égale fortune, également heureuses, celle-ci par ses enfants, celle-là par son mari. L'épouse mieux élevée que l'époux ; ce dernier plus économe que la première.

EXERCICE GRAMMATICAL. — *Souligner une fois les pronoms démonstratifs et deux fois les relatifs.*

Pronoms démonstratifs. — C'.
Pronoms relatifs. — qui, que.

RÉCAPITULATION des numéros 76, 77, 78, 79, 80.

Numéro 81.

DICTÉE. — *Noms, articles, adjectifs et pronoms.*

Une nourriture simple, très-utile à l'homme. L'astre des temps les plus chauds. Les commencements pénibles. Les résultats satisfaisants. Les progrès de nos élèves sont moins sensibles que ceux des vôtres. Ceux-ci plus actifs au travail et plus appliqués que ceux-là. Leur conduite plus régulière que celle des premiers. Un ami maladroit plus terrible qu'un ennemi déclaré. La plus odorante de ces deux fleurs.

EXERCICE GRAMMATICAL. — *Souligner une fois les pronoms relatifs et deux fois leurs antécédents.*

Pronoms relatifs. — Il n'y en a point.
Antécédents. — Il n'y en a point.

GÉOGRAPHIE. — Démonstration sur la carte.

Numéro 82.

DICTÉE. — *Noms, articles, adjectifs et pronoms.*

Les ouvrages de Dieu bien magnifiques. L'argent est plus vil que l'or, et celui-ci que la vertu. La lumière moins prompte que le son, et celle-là plus éclatante que celui-ci. Des cures très-dangereuses. Les maladies les plus graves. Une association de projets et d'intentions, lien le plus sûr de l'amitié. Mon cheval plus vigoureux que le tien, plus jeune que le sien, plus grand que le vôtre, plus noir que le leur.

Exercice Grammatical. — *Souligner une fois les* pronoms relatifs *et deux fois leurs* antécédents.

Pronoms relatifs. — Qui, qui, qui, qui.
Antécédents. — Troupes, ceux, ceux, troupes.
Géographie. — Démonstration sur la carte.

Numéro 83.

Dictée. — *Noms, articles, adjectifs et pronoms.*

Les lecteurs de nos jours plus difficiles que ceux des temps anciens. Ceux-là plus curieux que ceux-ci. Ces derniers moins avides de connaissances que les premiers. Les auteurs de notre temps plus critiques que ceux de l'antiquité. Celle-ci bien moins exigeante. Le culte des chrétiens plus pur que celui des anciens. La morale de ceux-ci plus large que celle de ceux-là. L'avenir réservé aux premiers plus désirable que celui des derniers.

Exercice Grammatical. = *Souligner les pronoms* personnels, possessifs, démonstratifs *et* relatifs.

Pronoms. — Ils, eux, ce, ils, s', eux, le, lieu, les, je, les, eux, vous, eux, eux, les, ils, eux, qui, en.

Calcul oral. — Exercice au tableau.

Numéro 84.

Dictée. — *Noms, articles, adjectifs et pronoms.*

Mon travail plus parfait que le vôtre. Le sien moins soigné que le tien. Ta récompense plus belle que la nôtre. Son bonheur moins désirable que le mien. Plus paresseux que moi ; moins appliqué que toi ; plus léger que lui. Ma visière plus luisante que la tienne. Le vernis de mon tableau plus transparent que celui du tien. Mon dessin plus correct que le vôtre. Notre source plus fraîche que la leur.

Exercice Grammatical. — *Souligner les* pronoms indéfinis.

Pronoms indéfinis. — Il n'y en a point.
Calcul oral. — Exercice au tableau.

Numéro 85.

Dictée. — *Noms, articles, adjectifs et pronoms.*

Des aliments très-grossiers. Des athlètes plus robustes et non moins actifs. Leur esprit plus lourd, plus paresseux que celui des autres hommes. Les exploits de Milon de Crotone moins admirables que ceux d'Hercule. Les conseils de Nestor plus utiles que les exploits du vaillant Achille. Ceux-ci moins dignes d'éloges que ceux-là. Numa et Romulus, hommes très-distingués. Celui-ci plus ambitieux ; celui-là plus religieux. Le premier plus paisible ; le second plus conquérant.

Exercice Grammatical. — *Souligner une fois les pronoms masculins et deux fois les pronoms féminins.*

Pronoms masculins. — Ils, leur, qui, en, les, il, quelques uns, l', l', il, qui, il, il, lui, il, il, il.

Pronoms féminins. — Leur, vous, vous, qu', vous, qui, l'.

Récapitulation des numéros 81, 82, 83, 84, 85.

Numéro 86.

Dictée. — *Noms, articles, adjectifs et pronoms.*

Une vie d'un jour longue à plusieurs. Le pouvoir d'une année insuffisant pour le bien des peuples. Les révolutions, fléaux funestes aux nations. Les haines publiques plus acharnées que les haines privées. Les vengeances politiques regrettables. Les dissentiments intérieurs, cause de ruine pour les peuples les plus puissants. Son amour plus vif que le mien. Ton cœur moins ému que le sien. Son souvenir moins cher à nos cœurs que celui de notre bonne mère.

Exercice Grammatical. — *Souligner tous les articles.*

Articles. — Des, la, des, des, le, les, le, la, les, du, le, les, du, le, les, des, le.

Géographie. — Démonstration sur la carte.

Numéro 87.

Dictée. — *Noms, articles, adjectifs et pronoms.*

La science estimable. La volupté détestable; celle-ci propre à l'homme, celle-là propre aux animaux. Une paix certaine plus sûre qu'une victoire espérée; l'homme possesseur de l'une. Dieu seul maître de l'autre. Le compte de nos brebis est plus considérable que celui des vôtres. Celles-ci plus grasses que celles-là, les unes plus fécondes que les autres. Mon troupeau moins malade que le sien. L'un et l'autre très-malheureux.

Exercice Grammatical. — *Souligner une fois les articles* masculins *et deux fois les* féminins.

Articles masculins. — Le.
Articles féminins. — l', la.

Géographie. — Démonstration sur la carte.

Numéro 88.

Dictée. — *Noms, articles, adjectifs et pronoms.*

Aucun animal plus prudent que l'éléphant. Le tigre cruel et carnassier. Les animaux couverts de peaux, de toisons, de piquants, de plumes et d'écailles. Les tribuns de Rome, soutiens du peuple, ennemis du noble corps des sénateurs. Cette loi violente. L'un des consuls de la république française. De toutes les sociétés aucune plus sûre que la société des gens de bien. La blancheur du soleil plus éclatante que la blancheur d'aucun feu.

Exercice Grammatical. — *Souligner les sujets des verbes.*

Sujets. — Les merveilles, le seigneur, il, l'ange, vous, vous, c', qui, Gédéon, je, je, vous, ma famille, je, l'ange, je, vous, ils, Gédéon, qui, c',

Calcul oral. — Exercice au tableau.

Numéro 89.

Dictée. — *Noms, articles, adjectifs et pronoms*

Des actions honorables. Cette coupe empoisonnée. Une main blanche et fraîche. Notre lettre favorable à ses projets. La patience admirable de Socrate. Vos injures atroces. Une cruelle et longue bataille. Cette fille sage et naïve. Nul enfant plus espiègle que lui. La valeur invincible des troupes gauloises. Les femmes inconsolables des vaincus. La révolte curieuse des dames romaines, au sujet du luxe interdit par Caton.

EXERCICE GRAMMATICAL. — *Souligner une fois les* sujets placés devant les verbes *et deux fois les* sujets placés après.

Sujets devant les verbes. — Il, il, je, la, terre, la, rosée, je, vous, ce, Gédéon, la toison, Gédéon, vous, je, je, la terre, la toison, le Seigneur, Gédéon, la rosée, la toison, Gédéon.

Sujets après les verbes. — Gédéon.

CALCUL ORAL. — Exercice au tableau.

Numéro 90.

DICTÉE. — *Noms, articles, adjectifs et pronoms.*

Les ennemis vaincus, dignes de pitié. La gloire promise à l'homme juste dans le ciel. Les villes puissantes de la Grèce. Les enfants pieux et dociles. Nos parents estimés et chéris. Leurs bienfaits immenses. Nos douleurs plus cruelles que les vôtres. Votre beauté plus éclatante que la sienne. Son cœur meilleur que le vôtre. Son esprit moins étendu que le mien. Sa taille moins svelte que celle de ma compagne.

EXERCICE GRAMMATICAL. — *Souligner une fois les articles* singuliers *et deux fois les articles* pluriels.

Articles singuliers. — Au, la, au, la, du, la, le, l', l', l'.
Articles pluriels. — Les, des, des, des, des.

RÉCAPITULATION des numéros 86, 87, 88, 89, 90.

Numéro 91.

DICTÉE. — *Noms, articles, adjectifs et pronoms.*

Quels généraux qu'Annibal et Scipion! Quoi de plus

beau que la vertu! Quelle chose préférable à la sagesse? Quoi de plus admirable que la science et la vertu? Quelle sollicitude que celle d'un bon père! Quelle fleur plus belle que la rose? Quel homme plus estimable que mon ami? Rien de plus gracieux que ces ornements. Rien de plus entraînant que cette musique. Rien de plus mélodieux que cette symphonie. Rien de plus doux que l'amitié.

Exercice Grammatical. — *Souligner une fois les* compléments *et deux fois les* compléments directs.

Compléments. — Seigneur, Dieu, ennemis, l'idolâtrie, famille, reconnaissance, qu', Israël, fils, femmes, habitants, mère, leur, lui, domination, somme, qu', troupe, s', lui, eux, maison, frères, pierre.

Compléments directs. — Leur seigneur, leur Dieu, les, reconnaissance, qu', fils, les habitants, somme, qu', une troupe, s', frères.

Géographie. — Démonstration sur la carte.

Numéro 92.

Dictée. — *Noms, articles, adjectifs et pronoms.*

Quels enfants plus dociles que les nôtres? Quels élèves plus dissipés, plus paresseux et moins studieux que les miens? Quelle robe plus élégante que celle de ma fille? Quelles broderies plus riches que celles de son mantelet? Quel souvenir plus agréable à un père que celui d'un fils chéri? Quoi de plus nécessaire au chrétien que la pratique des commandements de Dieu et de l'Eglise? Rien de plus touchant que les cérémonies du culte catholique.

Exercice Grammatical. — *Souligner une fois les compléments* directs *et deux fois les compléments* indirects.

Compléments directs. — Se, les, la ville, les habitants, la, du sel, s', le feu, s', s', s', le feu, un éclat, la tête, son écuyer, votre épée, moi.

Compléments indirects. — Contre lui, en campagne, sur la place, y, où, dans un asile, y, vers Thèbes, y, en, y, lui, d'en haut, dont, lui.

Géographie. — Démonstration sur la carte.

ÉLÉMENTAIRE.

Numéro 93.

Dictée. = *Noms, articles, adjectifs et pronoms.*

Quel plus doux commandement que le premier des commandements de Dieu. Rien de plus conforme aux besoins de l'homme que l'Evangile. Rien de plus saint, de plus divin, de plus sublime que les préceptes de Jésus-Christ. Quoi de plus insensé que l'impiété ? Quelle folie plus grande que celle de l'homme sans religion ? Quoi de plus affreux que le blasphème ? Rien de plus indigne d'un chrétien. Rien de plus coupable aux yeux de Dieu que cet orgueil de sa créature.

Exercice Grammatical. = *Souligner une fois les compléments placés après les verbes, et deux fois les compléments placés devant.*

Compléments placés après les verbes. — D'une autre mère, dans un autre pays, à la tête, rien, de brigandages, par les Ammonites, à Jephté, à leur secours, pour leur chef, les députés, pour le prince, des ambassadeurs, au roi, l'injustice, des propositions, à la raison, de Jephté, contre les Ammonites, un vœu, au seigneur.

Compléments placés devant. — Que, se, s', le, lui, le, l', lui, lui, se, se.

Calcul oral. = Exercice au tableau.

Numéro 31.

Dictée. — *Noms, articles, adjectifs et pronoms.*

Quoi de plus admirable que notre univers ? Quoi de plus merveilleux que les astres du firmament ? Quelle marche plus constante, plus régulière et plus infaillible que celle de ces millions d'étoiles ? Quel orgueil que celui du démon ? Quelle volonté plus folle que la sienne ? Quelle chûte plus épouvantable que celle de l'Archange détrôné ? Quoi de plus odieux que le serpent ? Quel animal plus fier que le lion, ce roi des forêts ?

Exercice Grammatical. = *Souligner une fois les sujets et deux fois les compléments des verbes.*

Sujets. = Qui, le fils, vous, c', le rasoir, c', qui, cette femme, il, il, il, il, elle, l'ange, Manué, ils, il, qui, sa prière, l'ange.

Compléments. — Un fils, garde, rien, ce, rien, que, à Dieu, sur sa tête, le peuple, de la tyrannie, son mari, lui, m', d'où, s', lui, tout, que, lui, le seigneur, l'homme, de lui, l'enfant.

Calcul oral. — Exercice au tableau.

Numéro 95.

Dictée. — *Noms, articles, adjectifs et pronoms.*

La petite taille des Arabes; leur corps maigre; leur voix grêle; leur tempérament robuste; leurs cheveux noirs; leurs yeux noirs et vifs; leur physionomie ingénieuse, mais non agréable; leurs traits distinctifs; leurs qualités opposées; leur nation très-différente des autres nations. Ces peuples graves, sérieux, sobres de paroles et de gestes, d'une politesse étonnante, d'une obligeance rare, d'une affection vive, et d'une excessive probité.

Exercice Grammatical. — *Souligner une fois le verbe substantif et deux fois les verbes attributifs.*

Verbe substantif = Étant, furent, furent, étaient, était.

Verbes attributifs. = Épouser, s'en étant retourné, parla, furent choqués, voulait, prendre, savaient, faisait, voulait, prendre, affliger, persistait, s'acheminèrent, conclure, furent arrivés, s'était écarté, vit, venir, avait, défendre, s'étant saisi, déchiré, mit, aurait fait, dit.

Récapitulation des numéros 91, 92, 93, 94, 95.

Numéro 96.

Dictée. = *Noms, articles, adjectifs et pronoms.*

Les arabes patients, mais redoutables dans la colère. Ce peuple intelligent, porté aux sciences, mais plus ignorant que les autres nations de l'Europe. Aucun monument remarquable dans l'Arabie; aucune invention industrieuse, recommandable. Les Arabes humains, fidèles, bienveillants entr'eux, mais féroces et avides avec les nations étrangères. Hôtes généreux, bienfaisants sous la tente, les meilleurs pères, les époux les plus tendres, les maîtres les plus doux, mais acharnés contre les étrangers.

EXERCICE GRAMMATICAL. — *Souligner une fois le verbe substantif et deux fois les verbes attributifs.*

Verbes substantifs. = Était, était.

Verbes attributifs. — Prit, ayant donnés, avaient expliqué, s'en retourna, épousa, avaient accompagnée, approchait, vint, voir, apprit, était, mariée, saisit, faire, pourrait, venger, tenaient, prit, lia, attacha, courant, mirent.

GÉOGRAPHIE. — Démonstration sur la carte.

Numéro 97.

DICTÉE. — *Noms, articles, adjectifs et pronoms.*

La probité remarquable de mon aïeul. Rien de plus digne de louange que sa conduite. Son amour excessif pour moi et ses autres petits-fils. Nuls sentiments plus vifs que les siens. Quelle vieillesse plus heureuse que la sienne? Quelle mort plus sainte que la mort de mon grand-père? Quelle douleur plus vive que celle de ses enfants? Quelle figure plus vénérable que la sienne? Quel cœur plus aimant, plus affectueux?

EXERCICE GRAMMATICAL. — *Souligner une fois les verbes actifs et deux fois les verbes passifs.*

Verbes actifs. — Devait, passer, ayant appris, mirent, attendirent, tuer, prendre, chargea, porta, aima, trouver, promirent, savoir, rendre, dit, dites, prie.

Verbes passifs. — Appelée, nommée.

GÉOGRAPHIE. — Démonstration sur la carte.

Numéro 98.

DICTÉE. — *Noms, articles, adjectifs et pronoms.*

Le caractère insupportable de cette femme. Son orgueil extraordinaire. Son amour effréné du luxe et de la parure. Ses caprices incompréhensibles. Nulle crainte de

Dieu. Nul respect de la religion. Nul souci de ses enfants. Nulle affection pour son mari. Nulle sollicitude pour ses affaires. Quelle triste condition que celle de son mari? Quoi de plus affreux qu'une vie pareille?

Exercice Grammatical. — *Changer en passifs les verbes actifs.*

Avait été promise, être rasé, fut repoussé, il a été fait, il n'était pas su, il fut pris, ayant été crevés, il fut chargé, il fut emmené, fut faite.

Calcul oral. — Exercice au tableau.

Numéro 99.

Dictée. — *Noms, articles, adjectifs et pronoms.*

L'église de notre paroisse, monument remarquable, chef-d'œuvre d'architecture. L'admiration de la postérité, compagne inséparable du talent de l'artiste. La nef spacieuse de ce temple de Dieu. Nulle voûte plus artistement décorée. Quels vitraux d'un goût plus distingué, d'un éclat plus inaltérable que ceux-là. Quoi de plus touchant, quoi de plus doux à l'âme que la prière de l'homme aux pieds des autels de l'Eternel?

Exercice Grammatical. — *Souligner une fois les verbes passifs et deux fois les verbes neutres.*

Verbes passifs. — Accompagné.
Verbes neutres. = Retourna, alla, revenir, entrer, demeura, demeurez.

Calcul oral. — Exercice au tableau.

Numéro 100.

Dictée. — *Noms, articles, adjectifs et pronoms..*

La fête de notre village brillante. Les parures des jeunes filles plus recherchées que jamais. La mise des garçons non moins riche, ni moins élégante. Les bonnes récoltes, cause de toute joie. Le travail et le secours de Dieu, source des bonnes récoltes. Reconnaissance éternelle au souverain maître des saisons! A lui seul toutes sortes de bénédictions! Lui seul, soutien de la vie, auteur de la santé et de la joie.

EXERCICE GRAMMATICAL. — *Souligner une fois les verbes* pronominaux *et deux fois les* pronominaux accidentellement.

Verbes pronominaux. — Il n'y en a point.
Verbes pronominaux accidentellement. — Gardez-vous, gardez-vous.

RÉCAPITULATION des numéros 96, 97, 98, 99, 100.

Numéro 101.

DICTÉE. = *Noms, articles, adjectifs et pronoms.*

La grammaire, science indispensable. La connaissance de ses règles absolument nécessaire pour le langage correct. Point de conversation passable sans l'observation des préceptes de l'art grammatical. Point d'écrit soutenable, lisible même sans l'application de ces préceptes. Son étude quelquefois fastidieuse et peu attrayante, mais toujours utile au suprême degré. Rien de plus condamnable que l'ignorance en cette matière.

EXERCICE GRAMMATICAL. = *Souligner une fois les verbes* impersonnels *et deux fois les* auxiliaires.

Verbes impersonnels. — Il n'y en a point.
Verbes auxiliaires. = Étant, furent.

GÉOGRAPHIE. — Démonstration sur la carte.

Numéro 102.

DICTÉE. = *Noms, articles, adjectifs et pronoms.*

L'histoire, science pleine d'attraits. Son étude agréable à tous les élèves. La lecture des évènements passés, source d'instructions morales pour l'homme. Les vertus célèbres des grands hommes ; leur admirable patience dans les plus rudes épreuves ; leur dévouement pour leurs semblables ; leur amour inaltérable de la patrie ; leur justice ; leur mépris des richesses, leurs succès, leurs malheurs, leçons plus instructives que tous les préceptes.

EXERCICE GRAMMATICAL. — *Souligner une fois les adjectifs* qualificatifs *et deux fois les* déterminatifs.

Adjectifs qualificatifs. = Nombreuse, précédente, seule.

Adjectifs déterminatifs. — Cette, toutes, une, ce, un, sa, ses, cet, sa, ses, ce, quelque, deux, dix.

Géographie. — Démonstration sur la carte.

Numéro 103.

Dictée. — *Noms, articles, adjectifs et pronoms.*

La belle avenue du château. Les grands peupliers, les marronniers fleuris, les platanes aux feuilles satinées; les chênes robustes, aux fruits délicieux, nourriture des peuples de l'ancienne Grèce. Les mûriers à l'écorce rugueuse; leurs feuilles, aliment des vers à soie. Les poiriers, les pommiers, les cerisiers, les pêchers, les aliziers, les châtaigniers, tous arbres de notre belle France, aux fruits délicieux au goût, et nourriture saine à l'estomac.

Exercice Grammatical. — *Souligner une fois tous les verbes au singulier, et deux fois les verbes au pluriel.*

Verbes au singulier. = Répondit, veut, veut, a rempli, j'étais, je suis partie, ramène, a humiliée, a comblée, on commençait, dit, j'irai, je glanerai, je trouverai, témoigne, répondit, alla.

Verbes au pluriel. — Appelez, appelez, appelez, arrivèrent, voulez.

Calcul oral. — Exercice au tableau.

Numéro 104.

Dictée. — *Noms, articles, adjectifs et pronoms.*

La mauvaise encre de mon fournisseur. La fourberie incontestable de cet homme. Rien de plus affreux que l'hypocrisie. Nul vice plus détestable que ce mensonge continuel. Le menteur par occasion moins coupable que l'hypocrite. Celui-ci plus digne de punition que celui-là. La vérité opposée au mensonge, la franchise à l'hypocrisie. Une conduite droite et franche, propre de l'homme honnête et vertueux.

Exercice Grammatical. — *Souligner une fois les ver-*

bes à la première personne du singulier et deux fois les verbes à la première personne du pluriel.

Verbes à la première personne du singulier. — Je vois.

Verbes à la première personne du pluriel. — Il n'y en point.

Calcul oral. — Exercice au tableau.

Numéro 105.

Dictée. — *Noms, articles, adjectifs et pronoms.*

La docilité, vertu de l'enfance. L'enfant docile, joie de ses parents, orgueil de ses amis, modèle de ses compagnons. Nul enfant plus digne de l'estime de tout le monde. Cette vertu, source de toutes les belles qualités, cause de tous les progrès dans les lettres, les sciences et les arts, gage assuré des plus brillants succès et du plus heureux avenir, la moins difficile dans la pratique, et malgré cela la plus digne d'éloge et la plus estimable.

Exercice Grammatical. — *Souligner une fois les verbes à la deuxième personne du singulier, et deux fois les verbes à la deuxième personne du pluriel.*

Verbes à la deuxième personne du singulier. — Il n'y en a point.

Verbes à la deuxième personne du pluriel. — Soyez, vous avez dit, vous êtes, dormez, prenez, vous êtes venue, étendez, vous avez, tenez, vous vous en retourniez.

Récapitulation des numéros 101, 102, 103, 104, 105.

Numéro 106.

Dictée. — *Noms, articles, adjectifs et pronoms.*

La violette, fleur charmante, signe de la modestie; son parfum délicieux. Sa couleur douce aux yeux. Son éclat moins vif que celui de la rose. Ses qualités plus précieuses que celles de cette dernière. Humble parure des modestes filles de la campagne. Quoi de plus simple qu'elle! Quoi de plus pur? Quoi de plus délicat? L'enfant modeste et pieux semblable à cette fleur timide, recherché et estimé comme elle.

Exercice Grammatical. — *Souligner les verbes à la troisième personne du* singulier, *et deux fois les verbes à la troisième personne du* pluriel.

Verbes à la troisième personne du singulier. = Prit, portait, tenait, fut, fut, jugeait, avait, avait, s'appelait, avait, avait, allait, était.

Verbes à la troisième personne du pluriel. = Bénirent, félicitèrent, sauraient.

Géographie. = Démonstration sur la carte.

Numéro 107.

Dictée. — *Noms, articles, adjectifs et pronoms.*

Cette route large et belle. Ces arbres hauts et touffus. Leur feuillage épais et verdoyant. Les blés mûrs et jaunissants. Des grappes abondantes de raisins. La pomme-de-terre, un des aliments les plus sains. Les figues succulentes de l'Italie. Les pêches veloutées du Roussillon. Les poires dorées de la Grèce. Les fruits suaves du nouveau monde. Les productions exquises de l'Orient. Les mœurs douces des peuples de la Savoie. La pauvreté des habitants de ce pays.

Exercice Grammatical. = *Souligner les verbes* auxiliaires.

Verbes auxiliaires. — Je n'ai, il n'y a, m'a, avez, n'eut, furent, l'avait, l'avait, l'eût.

Géographie. = Démonstration sur la carte.

Numéro 108.

Dictée. — *Noms, articles, adjectifs et pronoms.*

Le cheval capricieux de ma brave tante. Son harnais propre et luisant. Son cabriolet léger et commode. Ses ressorts souples et solides. Ses roues minces et fortes. Une course longue et agréable. La côte courte mais très-rude. La marche de ce cheval uniforme et rapide. Point de fatigue avec lui. Nul ennui, compagnon du voyage. Un paysage vivant et animé; des sites enchanteurs; des passages ombragés; des gazons fleuris; des champs de trèfles odorants.

Exercice Grammatical. — *Souligner une fois les verbes à l'indicatif et deux fois les verbes au conditionnel.*

Verbes à l'indicatif. — Dit, faites-vous, j'apprends, s'entretient, est, vous portez, pêche, peut, furent, m'écoutèrent, avait résolu, vint, dit, dit, j'ai choisi, avez-vous foulé.

Verbes au conditionnel. — Il n'y en a point.

Calcul oral. — Exercice au tableau.

Numéro 109.

Dictée. — *Noms, articles, adjectifs et pronoms.*

L'instruction, meuble indispensable de notre époque. Sans elle, point de succès dans le monde, point de fortune, point de bonheur; mépris et misère à l'ignorant. L'ignorance, produit de la paresse. La paresse, cause de tous les maux. L'homme instruit, honoré de tout le monde, utile à ses semblables, et par suite honoré de tous. A lui bonheur, à lui fortune, à lui considération, à lui seul toutes sortes de biens.

Exercice Grammatical. — *Souligner une fois les verbes à l'impératif et deux fois fois les verbes au subjonctif.*

Verbes à l'impératif. — Retournez, dormez, allez, dormez, parlez, parlez.

Verbes au subjonctif. — Il n'y en a point.

Calcul oral. — Exercice au tableau.

Numéro 110.

Dictée. — *Noms, articles, adjectifs et pronoms.*

La bonne renommée, fleur délicate, bien précieux, parfum exquis, objet des soins continuels de l'honnête homme. La fuite de la médisance, ce venin de la société, premier devoir de l'homme soigneux de sa renommée. Rien de plus nuisible que le poison de la calomnie, cette fille du noir démon de l'envie, de ce monstre infernal, l'ennemi acharné de tout bien, de toute vertu, de toute gloire, de toute grandeur et du moindre succès.

Exercice Grammatical. — *Souligner une fois les verbes à* l'infinitif *et deux fois les verbes au* participe.

Verbes à l'infinitif. — Périr, devenir.
Verbes au participe. — Étant, venue, saisis.

Récapitulation des numéros 106, 107, 108, 109, 110.

Numéro 111.

Dictée — *Noms, articles, adjectifs et pronoms.*

Le printemps, saison des fleurs. Au mois d'avril, température froide et variable. Gelée blanche, funeste aux productions de la terre, aux arbres, aux vignes, aux légumes si nécessaires à l'entretien de la vie. Le mois de mai, autrefois floréal, mois des fleurs, parure naturelle de nos campagnes, ornement de nos jardins ; mois de Marie, de cette vierge sainte, mère de notre sauveur, protectrice des malheureux, consolatrice des affligés.

Exercice Grammatical. — *Souligner une fois les noms* communs *et deux fois les noms* propres.

Noms communs. = Villes, temple, l'idole, Dieu, lendemain, matin, l'idole, visage, terre, l'arche, place, jour, l'arche, tête, mains, tronc, seuil, porte, tronc, main, habitants, environs, multitude, rats, maladie, nombre, présence, l'arche, ville, pays.

Noms propres. — Dieu, Azot, Dagon, Dieu; Dieu, Azot, Azot.

Géographie. — Démonstration sur la carte.

Numéro 122.

Dictée. — *Noms, articles, adjectifs et pronoms.*

Le mois de juin, prairial du calendrier de la première république en France, mois des prairies. A ce mois la récolte des foins, des trèfles, des luzernes, des sainfoins, produits indispensables aux habitants des fermes, pour l'entretien des bœufs, des taureaux et des génisses, des moutons, des brebis ou des agneaux, des chevaux, des mulets, des mules et autres bêtes de somme, de ces divers animaux, les uns propres à la culture de la terre, les autres destinés à la nourriture de l'homme.

EXERCICE GRAMMATICAL. — *Souligner une fois les adjectifs qualificatifs et deux fois les adjectifs déterminatifs.*

Adjectifs qualificatifs. = Saint, différentes.

Adjectifs déterminatifs. — Cinquante mille, toute, ce, ce, sa, sa, son, tout.

GÉOGRAPHIE. — Démonstration sur la carte.

Numéro 113.

DICTÉE. — *Noms, articles, adjectifs et pronoms*

Le mois de juillet, messidor, mois des céréales. A ce mois la récolte du blé, du seigle, de l'avoine et de tous les grains, aliments de l'homme ou des divers animaux destinés à son service. Juillet, mois de la canicule et du commencement des plus grandes chaleurs de l'année. Au mois d'août, thermidor, la température la plus brûlante, les campagnes desséchées et arides, les sources taries, la terre haletante sous les rayons ardents du soleil enflammé, sous les feux perpendiculaires de l'astre du jour.

EXERCICE GRAMMATICAL. — *Souligner une fois les pronoms et deux fois les verbes.*

Pronoms. — Ils, ils, se, ils, lui, vous, il, nous, il, lui, que, vous, moi, ils, ils, je.

Verbes. — Délivra, demandent, étant devenu, établit, marchèrent, laissèrent, corrompre, reçurent, rendirent, s'étant assemblés, allèrent, trouver, dirent, devenu, marchent, établissez, ont, gouverne, déplut, adressa, dit, faites, demande, est, rejettent, veulent, sois, faites.

CALCUL ORAL. — Exercice au tableau.

Numéro 114.

DICTÉE. — *Noms, articles, adjectifs, pronoms et verbe avoir.*

Le mois de septembre avait nom fructidor sous la première république. La récolte des fruits a lieu dans ce mois, et la première quinzaine du mois suivant. A cette époque, les fermiers, les vignerons surtout ont un grand sujet de joie ; ils ont eu des peines et des soucis dans tout le reste de l'année. Ils ont en ce moment dans leurs cuves et dans leurs greniers les fruits de leurs nombreux travaux et de toutes leurs sueurs.

EXERCICE GRAMMATICAL. — *Souligner l'auxiliaire* avoir, *employé aux* quatre premiers temps *de l'indicatif.*

Auxiliaire avoir. — Il y a, a, avez, avait.

CALCUL ORAL. — Exercice au tableau.

Numéro 115.

DICTÉE. — *Noms, articles, adjectifs, pronoms et verbe* avoir.

L'hiver, saison froide et glacée, symbole de la vieillesse. La nature engourdie a toutes les apparences de la mort. Les campagnes ont un voile de neige. Les journées ont les brouillards et les pluies. Notre corps a besoin de se réchauffer. Nous avons des vêtements de laine chaude, des fourrures épaisses. Nos pieds ont des chaussures plus fortes que celles des autres saisons. Les riches seuls ont des joies dans ces temps rigoureux. Les pauvres ont alors toutes sortes de peines, toutes sortes de douleurs, pour eux-mêmes, pour leurs femmes et pour leurs enfants.

EXERCICE GRAMMATICAL. — *Souligner le verbe* avoir *employé aux* quatre derniers temps *de l'indicatif.*

Verbe avoir. — Aurez.

RÉCAPITULATION des numéros 111, 112. 113, 114, 115.

Numéro 116.

DICTÉE. — *Noms, articles, adjectifs, pronoms et verbe* avoir.

J'ai une grande patience. Tu as des défauts nombreux. Il a de graves soucis. Nous avons une excellente nourriture. Vous avez de bons yeux. Elles ont d'élégantes chaussures. J'avais un blanc manteau. Tu avais un chapeau de paille. Elle avait une robe de soie. Nous avions une belle voiture. Vous aviez des chevaux gris. Ils avaient une noire chevelure. J'eus besoin d'un sommeil profond. Tu eus un lit tout prêt. Il eut des affaires sérieuses. Nous eûmes une affreuse pensée. Vous eûtes de précieux diamants. Elles eurent une aimable compagnie.

Exercice Grammatical. — *Souligner l'auxiliaire* avoir *employé au* conditionnel *et à l'*impératif.

Verbe avoir. — Il n'y en a point.

Géographie. — Démonstration sur la carte.

Numéro 117.

Dictée. — *Noms, articles, adjectifs, pronoms et verbe* avoir.

J'ai eu un bonheur inouï. Tu as eu un gracieux cadeau. Il a eu un doux souvenir. Nous avons eu une triste nouvelle. Vous avez eu un temps magnifique. Ils ont eu toutes sortes d'agréments. J'eus eu ton amitié ; tu eus eu la mienne ; il eut eu la nôtre. Nous eûmes eu votre visite ; vous eûtes eu la leur ; ils eurent eu la nôtre. J'avais eu ton amitié ; tu auras la mienne ; il aura la tienne. Nous aurions votre ardeur, vous auriez eu la leur, ils auraient eu la nôtre. Ayez votre joie. Ayons notre souci.

Exercice Grammatical. — *Souligner l'auxiliaire* avoir *employé au* subjonctif.

Verbe avoir. — Il n'y en a point.

Calcul oral. — Exercice au tableau.

Numéro 118.

Dictée. — *Noms, articles, adjectifs, pronoms et verbe* avoir.

Que j'aie soin de mon père. Que tu aies souci de ton avenir. Qu'il ait peine de sa paresse. Que nous eussions l'amour du travail. Que vous eussiez la crainte du Seigneur. Qu'ils eussent ce commencement de la sagesse. Que j'aie eu mon ambition. Que tu aies eu une grande envie. Qu'il ait eu un noir chagrin. Que nous eussions eu de tristes pressentiments. Que vous eussiez eu une mélancolie profonde. Qu'ils eussent eu horreur de ce spectable hideux.

Exercice Grammatical. — *Souligner l'auxiliaire* avoir *employé à l'*infinitif *et au* participe.

Verbe avoir. — Il n'y en a point.

Calcul oral. = Exercice au tableau.

Numéro 119.

Dictée — *Noms, articles, adjectifs, pronoms et verbe* avoir.

Avoir lieu, sujet ou raison. Avoir eu de bonnes notes. Devoir avoir de brillants succès. Le malheur que nous avons eu. Ayant autant de prudence que vous en avez. Ayant eu autant de fortune que nous en avons. La grande liberté que nous avons eue. Les livres que ces enfans ont eus. L'amitié que nous avons eue pour eux. Les parures que ces filles ont eues. Les égards que vous aviez pour elles. Les joies que nos parents ont eues pour nous.

Exercice Grammatical. — *Souligner le verbe* être *employé aux quatre premiers temps de* l'indicatif.

Verbe être. — Il n'y en a point.

Calcul oral. — Exercice au tableau.

Numéro 120.

Dictée. — *Noms, articles, adjectifs, pronoms et verbes* avoir *et* être.

Je suis un bon père. Tu es un excellent fils. Il est un soldat courageux. Nous sommes pleins d'indignation. Vous êtes plus studieux que lui. Elles sont plus belles que vous. J'étais autant digne de pitié qu'elle. Tu fus plus gentil que moi. Elle a été meilleure amie que toi. Nous avons été convenables dans cette occasion. Vous fûtes d'une grossièreté surprenante. Il était d'une soumission remarquable. Cet homme fut un grand voleur. Ses vols ont été la suite de sa paresse incorrigible.

Exercice Grammatical. — *Souligner l'auxiliaire* être *employé aux quatre derniers temps de l'*indicatif.

Verbe être. — Il n'y en a point.

Récapitulation des numéros 116, 117, 118, 119, 120.

Numéro 121.

Dictée. = *Noms, articles, adjectifs, pronoms et verbes* avoir *et* être.

J'eus été d'un caractère estimable. Tu avais été prince clément et miséricordieux. Il sera innocent de toutes les accusations. Nous aurons été dignes de blâme aux yeux de bien de gens. Ils eurent été d'une adresse incomparable. J'avais été triomphant. Tu seras glorieux de nos succès. Elle aura été incorruptible. Nous eûmes été légers. Vous aviez été frivoles. Elles seront contentes. Cet homme eut été misérable. Cette femme avait été superbe. Notre ami sera heureux. Son mérite aura été brillant.

Exercice Grammatical. = *Souligner l'auxiliaire* être *au* conditionnel *et à l'*impératif.

Verbe être. — Il n'y en a point.

Géographie. = Démonstration sur la carte.

Numéro 122.

Dictée. — *Noms, articles, adjectifs, pronoms et verbes* avoir *et* être.

Je serais timide. Tu aurais été hardi. Sois prudent. Ayons été dissipés. Vous seriez ardents. Ils seraient calmes. Soyez calomniateurs. Ayez été fourbes et menteurs. Nous serions avares. Vous auriez été indécents. Qu'ils soient admirables. Ce garçon serait excellent. Cette fille aurait été pensive. Nous serions honnêtes. Vous seriez pédants. Nos maîtres auraient été faibles. Cette pension serait le meilleur des établissements d'instruction publique. Soyons fermes et constants dans nos amitiés.

Exercice Grammatical. = *Souligner le verbe* être *employé au* subjonctif.

Verbe être — Il n'y en a point.

Géographie. — Démonstration sur la carte.

Numéro 123.

Dictée. — *Noms, articles, adjectifs, pronoms et verbes* avoir *et* être.

Que je sois bon quoique petit. Que tu fusses puissant. Que la répartie ait été fine. Qu'il eût été sérieux. Qu'elle eût été gracieuse. Que nous soyons aimables. Que vous fussiez plus satisfaits. Qu'ils aient été soigneux. Qu'elles eussent été dociles. Que ces chèvres eussent été moins agiles. Que tu sois souverain. Que notre armée fut victorieuse. Qu'il fût patient. Qu'elle fût sévère. Que nous ayons été puissants. Que vous eussiez été charmantes. Que ces chevaux soient bons. Qu'elles soient fières. Qu'ils soient les plus sages de tous.

Exercice Grammatical. — *Souligner le verbe* être *employé à l'*infinitif *et au* participe.

Verbe être. — Il n'y en a point.

Calcul oral. = Exercice au tableau.

Numéro 124.

Dictée. — *Noms, articles, adjectifs pronoms, verbes* avoir *et* être.

Etre bon et généreux. Que nos moyens fussent plus étendus. Avoir une délicieuse musique. Nous aurons été francs. Avoir été poli. Elle avait été sourde. Avoir eu des champs fertiles. Mon frère sera un avocat distingué. Nous aurons une exploitation considérable. Cette femme étant vertueuse, fut digne de tout honneur. Cette maison ayant des servitudes désagréables au propriétaire, sera d'un vil prix. Mon cheval ayant été bon a eu une grande valeur. Dieu est aussi miséricordieux que juste.

Exercice Grammatical. — *Souligner tous les verbes* actifs *de la première conjugaison, qui se trouvent à un des quatre premiers temps de l'*indicatif.

Verbes actifs de la première conjugaison. — Assemblèrent, présenta.

ÉLÉMENTAIRE.   67

Conjugaison des quatre premiers temps de l'indicatif du verbe *donner*. — (*Nous croyons inutile de donner dans le corrigé des devoirs la conjugaison des verbes indiqués. Nous nous contenterons de rappeler ce devoir pour mémoire seulement.*)

Calcul oral. — Exercice au tableau.

Numéro 125.

Dictée. — *Noms, articles, adjectifs, pronoms, verbes auxiliaires et verbes de la première conjugaison.*

Je donne l'aumône de bonne grâce. Tu frappais ton frère avec une grande violence. Il assura mon avenir. Elle a vengé son honneur. Mon père aime le travail et l'étude. Ta mère estimait les gens de bien. Nous chantâmes de beaux cantiques. Vous avez ravagé nos malheureuses cités. Ils signalent leur présence par d'affreuses vengeances. Elles citaient leur vertu. Les chiens dévorèrent le cadavre de l'impie Jézabel. Les rois de Juda ont méprisé la parole de Dieu.

Exercice Grammatical. — *Souligner les verbes actifs de la première conjugaison qui se trouvent aux quatre derniers temps de l'*indicatif.

Verbes actifs de la première conjugaison. — Il n'y en a point.

Conjuguer les quatre derniers temps de l'indicatif du verbe *donner*.

Récapitulation des numéros 121, 122, 123, 124, 125.

Numéro 126.

Dictée. — *Noms, articles, adjectifs, pronoms, verbes auxiliaires et verbes de la première conjugaison.*

J'eus rassuré mes parents. Tu avais molesté tes domestiques. Il trouvera de rudes adversaires. Elle aura congédié sa femme de chambre. Un serviteur fidèle eut éprouvé du contentement. Ma fille avait détaché sa robe. Nous dégraisserons nos habits. Vous aurez attaché votre épée. Ils eurent chassé les bêtes sauvages. Elles avaient porté leur bagage. Les courtisans flattèrent leur maître. Nos élèves auront terminé leur longue tâche.

EXERCICE GRAMMATICAL. — *Souligner les verbes actifs de la* première conjugaison *qui se trouvent à un des temps du* conditionnel *ou de l'*impératif.

Verbes actifs de la première conjugaison. = Il n'y en a point.

Conjuguer le conditionnel et l'impératif du verbe *donner*.

GÉOGRAPHIE. — Démonstration sur la carte.

Numéro 127.

DICTÉE. — *Noms, articles, adjectifs, pronoms, verbes auxiliaires et verbes de la* première conjugaison.

Je donnerais de nouveaux ordres à mes soldats. Tu affligerais tes parents par ta mauvaise conduite. Il aurait soulagé les cruelles misères du peuple. Elle aurait poussé son dernier soupir. Dieu aurait abandonné les méchants à leur sort. Sa Providence consolerait les malheureux. Nous mangerions de la bonne viande. Vous arrêteriez les progrès de l'incendie. Ils supporteraient la douleur. Elles partageraient notre joie. Les chevaux auraient traîné cette voiture. Nous aurions fatigué le Seigneur.

EXERCICE GRAMMATICAL. — *Souligner les verbes actifs de la* première conjugaison *qui se trouvent à un des temps du* subjonctif.

Verbes actifs. — Il n'y en a point.
Conjuguer le subjonctif du verbe *donner*.

GÉOGRAPHIE. — Démonstration sur la carte.

Numéro 128.

DICTÉE. = *Noms, articles, adjectifs, pronoms, verbes auxiliaires et verbes de la* première conjugaison.

Aimons le bon Dieu de tout notre cœur. Evitez le péché de toutes vos forces. Il n'est pas convenable que je rejette ses avances. Il serait très-utile que tu refusasses son invitation. Il est bon que mon ami ait accepté mes offres.

Il serait agréable que vous eussiez donné un meilleur conseil. Il serait très-dangereux qu'elles eussent sacrifié leur honneur. Notre devoir exige que nous le condamnions.

Exercice Grammatical. = *Souligner les verbes actifs de la* première conjugaison *qui se trouvent à l'*infinitif *et au* participe.

Verbes actifs. — Il n'y en a point.
Conjuguer l'infinitif et le participe du verbe *donner*.

Calcul oral. — Exercice au tableau.

Numéro 129.

Dictée. = *Noms, articles, adjectifs, pronoms, verbes auxiliaires et verbes de la première conjugaison.*

Il est juste d'exécuter les ordres des supérieurs que Dieu nous a donnés. Notre ami est estimable d'avoir acquitté toutes ses dettes. Aimant la poésie, nous commencerons la lecture des œuvres de Racine. Le hasard, ayant favorisé notre entreprise, nous avons eu de brillants résultats. Pardonner les injures, c'est le devoir d'un chrétien ; Jésus-Christ, notre sauveur, n'a point vengé sa mort sur ses bourreaux : il n'écoute jamais la voix de la colère pour venger son saint nom des insultes des pécheurs.

Exercice Grammatical. — *Souligner les verbes de la* deuxième conjugaison *qui se trouvent aux quatre premiers temps de l'*indicatif.

Conjuguer les quatre premiers temps de l'indicatif du verbe *bénir*.

Calcul oral. — Exercice au tableau.

Numéro 130.

Dictée. — *Noms, articles, adjectifs, pronoms, verbes auxiliaires et verbes de la 1re et de la 2e conjugaison.*

Je finis ma lecture. Tu remplissais ta malle. Il nourrissait sa famille. Elle a béni le seigneur. Cet homme ensevelit les morts. Notre maître punissait les coupables avec la dernière sévérité. Je prémunis mes élèves contre les fautes de paresse. Tu as averti cet homme de son égarement. Le vin affaiblit le corps, si l'on n'a pas de la modération. L'usage des liqueurs fortes ruine la santé. En toutes choses la prudence est une bonne garde.

Exercice Grammatical. — *Souligner les verbes actifs de la* deuxième conjugaison *qui se trouvent à un des quatre derniers temps de l'*indicatif.

Verbes actifs. — Il n'y en a point.

Conjuguer les quatre derniers temps de l'indicatif du verbe *bénir*.

Récapitulation des numéros 126, 127, 128, 129, 130.

Numéro 131.

Dictée. — *Noms, articles, adjectifs, pronoms, verbes auxiliaires et verbes de la 1re et de la 2e conjugaison.*

J'eus nourri mes chèvres des feuilles du cytise, qu'elles broutent avec plaisir. Tu avais banni toutes tes craintes folles. L'ombre obscurcira le soleil. Il aura fini ses travaux de la campagne. La chaleur du jour eût flétri les fleurs de nos jardins. Nous avions amolli notre dureté. Vous fléchirez son courroux. Les prières auront fléchi la colère du seigneur. C'est un devoir pour les riches de porter secours aux pauvres. Dieu a donné la raison à l'homme pour qu'il fût plus semblable à lui.

Exercice Grammatical. — *Souligner les verbes actifs de la* deuxième conjugaison *qui se trouvent au* conditionnel *ou à l'*impératif.

Verbes actifs de la deuxième conjugaison. = Il n'y en a point.

Conjuguer le conditionnel et l'impératif du verbe *bénir*.

Géographie. — Démonstration sur la carte.

Numéro 132.

Dictée. — *Noms, articles, adjectifs, pronoms, verbes auxiliaires et verbes de la 1re et de la 2e conjugaison.*

Je fournirais tout ce qui te manquerait si tu étais plus raisonnable. Tu aurais ébloui nos yeux par l'éclat de tes parures. Avertis-nous de ce qui est utile à tes intérêts et nous l'exécuterons avec la plus grande ardeur. Ayons fini notre tâche quand le maître nous demandera compte de notre travail. Nous vous punirons sévèrement si vous oubliez nos ordres. Vous auriez béni la main qui vous aurait frappé. Ils eussent muni leur ville de toutes sortes de fortifications, mais leurs efforts eussent été vains. Qui résisterait au courage de nos valeureux soldats?

EXERCICE GRAMMATICAL. — *Souligner les verbes actifs de la deuxième conjugaison qui se trouvent au subjonctif.*

Verbes actifs de la deuxième conjugaison. — Il n'y en a point.

Conjuguer le subjonctif du verbe *bénir*..

GÉOGRAPHIE. = Démonstration sur la carte.

Numéro 133.

DICTÉE. — *Noms, articles, adjectifs, pronoms, verbes auxiliaires et verbes de la 1re et de la 2e conjugaison.*

Que la sagesse embellisse vos charmes. Je souhaiterais que vous les avertissiez de leurs fautes; ils s'en corrigeraient. On aurait désiré que vous nous eussiez punis. Penserait-on que nous ayons flétri sa mémoire? Auriez-vous décidé que nous affaiblissions nos armées? Il serait naturel qu'un fils nourrît sa famille. Aurait-il été honteux pour toi que tu eusses averti ton frère? N'est-il pas indispensable à notre salut que nous ayons affermi notre foi par la pratique des vertus chrétiennes pendant notre vie.

EXERCICE GRAMMATICAL. — *Souligner les verbes actifs de la deuxième conjugaison qui se trouvent à l'infinitif et au participe.*

Verbes actifs de la deuxième conjugaison. — Il n'y en a point.

Conjuguer l'infinitif et le participe du verbe *bénir*.

CALCUL ORAL. — Exercice au tableau.

Numéro 134.

Dictée. = *Noms, articles, adjectifs, pronoms, verbes auxiliaires et verbes de la 1re et de la 2e conjugaison.*

Nous nous préparons à embellir notre jardin. Nous aurons une fontaine capable de fournir quinze litres d'eau par minute. Les poissons nourris dans le vivier seront délicieux. Les rayons du soleil ayant flétri nos fleurs, nous arroserons nos roses. Notre chef avertissant votre frère, il amendera sa conduite. Le juge croit avoir banni tous les coupables ; il n'a pas complété son œuvre ; plusieurs ont évité le châtiment qu'ils avaient mérité. L'éloquence de leur avocat les a garantis d'une condamnation imminente.

Exercice Grammatical. — *Souligner les verbes actifs de la 3e conjugaison qui se trouvent à un des quatre temps de l'indicatif.*

Verbes actifs de la troisième conjugaison. — Il n'y en a point.

Conjuguer les quatre premiers temps du verbe *apercevoir*

Calcul oral. — Exercice au tableau.

Numéro 135.

Dictée. — *Noms, articles, adjectifs, pronoms, verbes auxiliaires et verbes des 1re, 2e et 3e conjugaison.*

Je perçois tous mes revenus. Tu concevais quelles étaient mes intentions. Il recevait nos compliments de l'air le plus gracieux. Elle dut des valeurs considérables. Cet homme a reçu plus qu'il n'en avait l'idée. Nous concevons de vaines espérances. Vous perceviez des sommes immenses que vous dépensiez sans souci. Ils doivent préparer leurs armes. Elles ont dû ménager leurs forces. Leurs amis conçurent l'espoir de les sauver. Les généraux ont aperçu le danger de la retraite. Rejetez les sombres pensées qui assiègent votre esprit.

Exercice Grammatical. — *Souligner les verbes actifs de la 3e conjugaison qui se trouvent à un des quatre derniers temps de l'indicatif.*

ÉLÉMENTAIRE. 73

Verbes actifs de la troisième conjugaison. — Il n'y en a point.

Conjuguer les quatre derniers temps de l'indicatif du verbe *apercevoir*.

RÉCAPITULATION des numéros 131, 132, 133, 134, 135.

Numéro 136.

DICTÉE. — *Noms, articles, adjectifs, pronoms, verbes auxiliaires et verbes des trois premières conjugaisons.*

Nous eûmes aperçu nos défauts que nous tâcherons de corriger. Vous aviez reçu de bonnes nouvelles. Nous désirerions les partager. Il devra garder de nous un bon souvenir. L'instruction qu'il aura reçue lui procurera de grands avantages. L'histoire naturelle est une science agréable. Elle a droit à notre amour par l'utilité que l'homme en retire. Toutes les parties doivent exciter notre zèle. Elles sont toutes intéressantes au dernier degré. Enfants, étudiez-la avec ardeur, et vous apercevrez quelle est l'immensité de la sagesse divine.

EXERCICE GRAMMATICAL. — *Souligner les verbes de la troisième conjugaison qui se trouvent au conditionnel ou à l'impératif.*

Verbes actifs de la troisième conjugaison. — Il n'y en a point.

Conjuguer le conditionnel et l'impératif du verbe *apercevoir*.

GÉOGRAPHIE. — Démonstration sur la carte.

Numéro 137.

DICTÉE. — *Noms, articles, adjectifs, pronoms, verbes auxiliaires et verbes des trois premières conjugaisons.*

Je recevrais ses avances avec empressement, s'il avait le cœur de s'adresser à moi. Conçois tous mes chagrins. Nous aurions dû solliciter avec ardeur son adhésion à cet acte important. Nous l'avons négligé, c'est un malheur aussi regrettable pour lui que pour nous. Ces hommes ont conscience d'avoir accompli leur devoir. Vous avez eu tort de lâcher prise ; la victoire eût couronné vos efforts. L'homme le plus confiant aurait conçu les mêmes soupçons que moi à la vue de la conduite de mon frère à mon égard.

EXERCICE GRAMMATICAL. = *Souligner les verbes actifs de la* troisième *conjugaison qui se trouvent à un des temps du* subjonctif.

Verbes actifs de la troisième conjugaison. — Il n'y en a point.

Conjuguer le subjonctif du verbe *apercevoir*.

GÉOGRAPHIE. — Démonstration sur la carte.

Numéro 138.

DICTÉE. — *Noms, articles, adjectifs, pronoms, verbes auxiliaires et verbes des trois premières conjugaisons.*

La modestie exige que nous ne recevions pas avec empressement les éloges que l'on nous donne, et même que nous ne les recherchions pas. Il aurait été convenable que vous eussiez aperçu les désagréments de la position que vous ambitionniez. La prudence commanderait que je conçusse une meilleure opinion de cette affaire. Il est bon que tu aies perçu tes fonds pour tenter cette opération commerciale. Nous aurions aimé que nos parents eussent reçu toutes les commandes qu'ils attendent avec impatience.

EXERCICE GRAMMATICAL. — *Souligner les verbes actifs de la* troisième *conjugaison qui se trouvent à* l'infinitif *ou au* participe.

Verbes actifs de la troisième conjugaison. = Devoir.

Conjuguer l'infinitif et le participe du verbe *apercevoir*.

CALCUL ORAL. — Exercice au tableau.

Numéro 139.

DICTÉE. — *Noms, articles, adjectifs, pronoms, verbes auxiliaires et verbes des trois premières conjugaisons.*

Nous aurions dû nous apercevoir de ce manque d'égards de la part de cet homme d'une éducation si distinguée. Cela aurait dû nous faire concevoir des doutes sur son amitié, sur ce dévouement à toute épreuve dont il se vantait. Un véritable ami ne blesse pas les convenances de cette manière. Il doit avoir assez de tact pour réparer une impolitesse avant qu'on ait eu le temps de s'en apercevoir. La personne qui a été l'objet de l'impolitesse est sensible à ce retour, et pardonne une faute qu'une délicatesse répare.

Exercice Grammatical. — *Souligner les verbes actifs de la quatrième conjugaison qui se trouvent à un des quatre premiers temps de l'indicatif.*

Verbes actifs de la quatrième conjugaison. — **Met, conduisaient.**

Conjuguer les quatre premiers temps de l'indicatif du verbe *vendre*.

Calcul oral. — Exercice au tableau.

Numéro 140.

Dictée — *Noms, articles, adjectifs, pronoms, verbes auxiliaires et verbes actifs des quatre conjugaisons.*

Nous avons vendu notre maison du village, et nous en avons acheté une dans la ville. Celle-ci est plus belle que celle-là, mais elle a moins d'agréments. Mon père prétend que ses affaires lui ont conseillé cette vente. Je t'annoncerai une nouvelle étonnante, c'est qu'une des maisons commerciales les plus florissantes du département a suspendu ses paiements. Cela ne t'étonnera-t-il pas? On n'aurait jamais pensé qu'un tel évènement eût une si grande influence sur notre situation. Le danger était pressant. Ta lettre nous portera les conseils de l'amitié.

Exercice Grammatical. — *Souligner les verbes actifs de la quatrième conjugaison qui se trouvent à un des quatre derniers temps de l'indicatif.*

Verbes actifs de la quatrième conjugaison. = **Avait fait.**

Conjuguer les quatre derniers temps de l'indicatif du verbe *vendre*.

Récapitulation des numéros 136, 137, 138, 139, 140.

Numéro 141.

Dictée. — *Noms, articles, adjectifs, pronoms, verbes auxiliaires et verbes actifs des quatre conjugaisons.*

Attendre un bonheur mérité et ne pas le recevoir est un véritable malheur. Vous aviez tendu votre arc. Il suspendra son manteau. Nous aurons répandu des larmes amères. Il nous eût rendu ses devoirs. Soulageons les misères du pauvre, si nous poursuivons le bonheur du ciel. Portons avec courage les malheurs que Dieu nous envoie. La résignation est une vertu divine que la religion seule donne au chrétien. Tu te rendras à mes prières. Frappez et l'on vous ouvrira : ainsi parle l'évangile. Ces paroles consolantes encouragent le malheureux.

Exercice Grammatical. — *Souligner les verbes actifs de la quatrième conjugaison qui se trouvent à un des temps du conditionnel ou de l'impératif.*

Verbes actifs de la quatrième conjugaison. = Il n'y en a point.

Conjuguer le conditionnel et l'impératif du verbe *vendre*.

Géographie. — Démonstration sur la carte.

Numéro 142.

Dictée. — *Noms, articles, adjectifs, pronoms, verbes auxiliaires et verbes actifs des quatre conjugaisons.*

Répandez vos larmes aux pieds du Seigneur et sa grâce les sèchera, car il est miséricordieux et juste. On ne l'invoque pas en vain. Ayez recours à lui. Il ne trompera pas votre attente. L'homme vous promettra, mais il est peu fidèle dans ses promesses. N'ayez foi en votre prochain que tout autant que son intérêt se trouvera dans l'accomplissement de sa parole. Sans cela vous aurez peu de chance de la lui voir exécuter; au lieu que le Seigneur vous écoutera et il ne sera pas besoin que vous lui offriez aucun avantage. Il est le maître de tout bien.

Exercice Grammatical. — *Souligner les verbes actifs de la quatrième conjugaison qui se trouvent à un des temps du subjonctif.*

Verbes actifs de la quatrième conjugaison. = Il n'y en a point.

Conjuguer le subjonctif du verbe *vendre*.

Géographie. — Démonstration sur la carte.

Numéro 143.

Dictée. — *Noms, articles, adjectifs, pronoms, verbes auxiliaires et verbes actifs des quatre conjugaisons.*

Les enfants ont des devoirs à remplir à l'égard de Dieu, de leurs parents, de leurs amis et de la société. A Dieu, ils doivent amour, respect et adoration. Dieu vous a créés, mes amis. C'est à lui que vous devez l'être et la vie. Sans lui vous ne jouiriez point de l'existence. Le néant aurait été votre partage. C'est Dieu qui vous donne ce beau soleil que vous aimez voir brillant et radieux lancer ses feux qui vous réchauffent. C'est lui qui a attaché pour vous au firmament ces astres resplendissants où ils scintillent comme des rubis pour charmer vos yeux. C'est lui qui dore les moissons que la main de vos pères jette dans la terre.

Exercice Grammatical. — *Souligner les verbes de la quatrième conjugaison qui se trouvent à un des temps de l'infinitif et du participe.*

Verbes actifs de la quatrième conjugaison. — Il n'y en a point.

Conjuguer l'infinitif et le participe du verbe *vendre*.

Calcul oral. — Exercice au tableau.

Numéro 144.

Dictée. — *Noms, articles, adjectifs, pronoms, verbes auxiliaires et verbes actifs des quatre conjugaisons.*

Continuons, mes amis, d'examiner les bienfaits dont Dieu vous comble tous les jours. Si vos jardins se parent de belles fleurs au printemps, si vos vergers regorgent des fruits si doux que vous aimez à cueillir et plus encore à manger, c'est à la bonté de Dieu que vous en êtes redevables. C'est encore lui qui donne les eaux abondantes aux sources qui vous désaltèrent. C'est lui qui nourrit ces beaux oiseaux qui animent nos campagnes, et nous charment par l'harmonie de leur chant. C'est lui enfin qui vous a donné sur cette terre un père pour veiller sur vous, pour subvenir à vos besoins, et une mère pour vous nourrir de son lait, sécher vos larmes et vous entourer de toutes les délicatesses de l'amour.

Exercice Grammatical. — *Souligner tous les verbes passifs qui se trouvent à un des quatre premiers temps de* l'indicatif.

Verbes passifs. — Il n'y en a point.
Conjuguer passivement les quatre premiers temps de l'indicatif du verbe *avertir*.

Calcul oral. — Exercice au tableau.

Numéro 145.

Dictée. — *Noms, articles, adjectifs pronoms, verbes actifs et verbes passifs.*

Puisque vous êtes si aimés de Dieu, qu'il se plaît à vous donner tous les jours ce qui peut vous charmer, quel amour ne lui devez-vous point? Mais non seulement vous lui devez de l'amour; il a droit encore à ce que vous lui en donniez des preuves. Quand on aime quelqu'un, on cherche à lui être agréable. Soyez donc agréables à Dieu par les témoignages que vous lui donnerez. Adressez-lui tous les matins votre prière. Que le soir votre dernière pensée soit une pensée de reconnaissance pour les biens qui vous ont été donnés dans le jour.

Exercice Grammatical. — *Souligner les verbes passifs qui se trouvent à un des quatre derniers temps de* l'indicatif.

Verbes passifs. — Il n'y en a point.
Conjuguer passivement les quatre derniers temps de l'indicatif du verbe *avertir*.

Récapitulation des numéros 141, 142, 143, 144, 145.

Numéro 146.

Dictée — *Noms, articles, adjectifs, pronoms et verbes actifs et passifs.*

Si vous êtes pieux, mes amis, vous serez aimés de Dieu. Toutes vos pensées seront dirigées vers lui, et, comme il n'est point ingrat, vous serez comblés de ses dons en ce monde et le bonheur des saints, bonheur qui ne doit jamais finir, vous sera accordé dans l'autre. Dieu rend amour pour amour. Soyez-en assurés. Il l'a promis, et Dieu a toujours été trouvé fidèle dans ses promesses. Sa parole ne trompe jamais. Sa parole a été écrite dans un livre qui est entre vos mains. C'est l'évangile. Dans ce livre vous trouverez entr'autres passages consolants pour vous, celui-ci le plus consolant de tous : Laissez venir à moi les petits enfants.

Exercice Grammatical. — *Souligner les verbes* passifs *qui se trouvent à un des temps du* conditionnel *ou de l'*impératif.

Verbes passifs. — Il n'y en a point.

Conjuguer passivement le conditionnel et l'impératif du verbe *avertir*.

Géographie. — Démonstration sur la carte.

Numéro 147.

Dictée. — *Noms, articles, adjectifs, pronoms et verbes actifs et passifs.*

Enfants, écoutez mes paroles et gravez-les profondément dans votre cœur. Dieu vous aime, cela vous a été montré. Vous lui devez tout votre amour ; cela vous a été prouvé également. Mais il a droit encore à votre respect et à votre adoration. Si un grand de la terre, un prince, un Empereur vous appelait dans son palais, si vous étiez traités par lui avec la plus grande bienveillance, si tous vos désirs étaient comblés par sa munificence, si vos vœux étaient aussitôt accomplis que formés, quel ne serait pas votre respect pour ce prince généreux qui aurait pour vous toutes ces attentions ?

Exercice Grammatical. *Souligner les verbes* passifs *qui se trouvent à un des temps du* subjonctif.

Verbes passifs. — Il n'y en a point.

Conjuguer passivement le subjonctif du verbe *avertir*.

Géographie. — Démonstration sur la carte.

Numéro 148.

Dictée. — *Noms, articles, adjectifs, pronoms et verbes actifs et passifs.*

Dieu, mes amis, est plus grand qu'un prince de la terre. Que sont les rois devant lui? Quelle est leur puissance devant sa puissance? Peuvent-ils avec toutes leurs richesses, toutes leurs armées, empêcher le soleil de se lever le matin, d'inonder l'espace de ces feux, de se coucher quand son heure est venue? Peuvent-ils faire reculer les flots de la mer devant leur majesté? Ils ont bien quelquefois la folie de se croire les maîtres des éléments. Témoin Xerxès, ancien roi de Perse, qui fit fouetter la mer parce qu'elle avait détruit un pont qu'il avait fait établir entre l'Europe et l'Asie pour le passage de ses innombrables troupes. Insensé qu'il était, sa puissance disparut comme un léger brouillard que le vent dissipe, et Dieu lui apprit que lui seul est puissant d'une puissance éternelle.

Exercice Grammatical. — *Souligner les verbes passifs qui sont à l'*infinitif *et au* participe.

Verbes passifs. — Couverte, accompagnés.

Conjuguer passivement l'infinitif et le participe du verbe *avertir*.

Calcul oral. — Exercice au tableau.

Numéro 149.

Dictée. — *Noms, articles, adjectifs pronoms, verbes actifs et passifs.*

Bien différent était un roi de Danemarck, dont le nom m'a échappé. Ce prince ne s'abusait pas sur sa puissance; Il en connaissait le néant, et il était peu touché des louanges de ses courtisans qui exaltaient son pouvoir. Il eut même un jour l'idée de leur donner une leçon qu'il jugea leur être nécessaire. Il alla se promener sur le bord de la mer, accompagné de tous les grands de son royaume. La mer était un peu houleuse et ses vagues s'étendaient assez loin sur la plage, où elles venaient expirer en gémissant. Il fit étendre son manteau sur le sable au bord de l'eau, et s'y reposa les pieds tournés vers la mer,

Exercice Grammatical. — *Souligner une fois les verbes actifs et deux fois les verbes passifs.*

Verbes actifs. — Donne, maudissait, jetant, disait-il, fait, tu as usurpé, mettre, ôté, donner, tu mérites, dit, souffrirons-nous, maudisse, couper, laissez, faire, répondit, a commandé, maudire.

Verbes passifs. = Nommé, accablé.

Calcul oral. — Exercice au tableau.

Numéro 150.

Dictée. — *Noms, articles, adjectifs, pronoms et verbes actifs et passifs.*

Les courtisans du prince lui représentent qu'il y a du danger de rester ainsi sur les bords de l'eau, qu'il sera certainement atteint par les vagues. Comment, dit le roi, croyez-vous qu'elles me respecteraient assez peu pour oser mouiller le bout de mes pieds sans ma permission ? Les courtisans, ceux-là même qui avaient le plus exalté sa puissance, laissèrent un sourire d'incrédulité errer sur leurs lèvres ; et comme pour leur donner gain de cause, la mer vint expirer sur les pieds même du roi qui furent mouillés. Alors le prince se levant : Pourquoi, leur dit-il en feignant une grande colère, vantez-vous ma puissance ? Puisque je n'ai pas le pouvoir d'empêcher la mer de m'atteindre ? Il n'y a de puissant que celui à qui tout obéit, c'est-à-dire Dieu.

Exercice Grammatical. — *Souligner les verbes neutres.*

Verbes neutres. — Déferons, plut, venir.

Conjuguer les quatre premiers temps de l'indicatif du verbe neutre *arriver*. (Ce verbe se conjugue avec l'auxiliaire *être*.

Récapitulation des numéros 146, 147, 148, 149, 150.

Numéro 151.

Dictée. — *Noms, articles, adjectifs, pronoms, verbes actifs, passifs et neutres.*

Ce roi de Danemark, dont nous avons parlé plus haut, reconnaissait que sa puissance n'était rien en comparaison de celle de Dieu. Quel doit donc être notre respect pour ce maître souverain de la terre et des cieux, à qui les mers et les vents obéissent, qui envoie à son gré les tempêtes et les orages, la maladie et la santé, la récompense et les punitions! Ne prononcez donc le nom sacré de ce Dieu qu'avec la plus grande vénération. Gardez-vous de le blasphèmer. On lapidait autrefois les blasphémateurs, et dans des temps moins reculés on leur perçait la langue avec un fer rouge. Aujourd'hui, la loi humaine ne punit pas cet outrage à la majesté divine: mais le blasphémateur n'échappera pas à la colère céleste, s'il n'a pas obtenu le pardon de son crime par un sincère repentir.

Exercice Grammatical. = *Souligner une fois les verbes passifs et deux fois les verbes neutres.*

Verbes passifs. — Il n'y en a point.
Verbes neutres. — Décampa, mourut.
Conjuguer les quatre derniers temps de l'indicatif du verbe *arriver*.

Géographie. = Démonstration sur la carte.

Numéro 152.

Dictée. — *Noms, articles, adjectifs, pronoms, verbes actifs, passifs et neutres.*

L'adoration est une conséquence du respect et de l'amour que nous devons à Dieu. Quand on aime et respecte quelqu'un, on est heureux de lui rendre fréquemment ses devoirs, de lui témoigner son amour et sa vénération. On saisit toutes les occasions qui se présentent de lui donner des marques des sentiments que nous avons pour lui. Si vous avez pour Dieu les sentiments de respect et d'amour qui doivent animer tout être doué de raison, vous ne manquerez jamais à ce précepte qui de la loi de Moïse est passé dans la nôtre : Un seul Dieu tu adoreras et aimeras parfaitement.

Exercice Grammatical. — *Souligner tous les verbes de la première conjugaison.*

Verbes de la première conjugaison. — Sonner, épargner, arrêta, porter, demanda, retira, pleurer, promenant, donner.

Conjuguer le conditionnel et l'impératif du verbe *arriver*.

Géographie. — Démonstration sur la carte.

Numéro 153.

Dictée. = *Noms, articles, adjectifs, pronoms, verbes actifs, passifs et neutres.*

Je vais tous les jours à la promenade. Tu arrivais quand je commençais ma lecture. Notre bateau atterrit avec peine. Le projet que nous avions conçu est avorté. Votre sœur était décédée à cette époque. Nous fûmes déchus de nos espérances. Vous deviendrez savants par une étude soutenue. La rivière sera décrue quand nous aurons le temps de partir. Ils en disconviendraient. Ces piles se seraient éboulées, si les eaux étaient devenues plus fortes. Votre billet est échu depuis quinze jours. Il sera protesté à défaut de paiement.

Exercice Grammatical. — *Souligner les verbes de la deuxième conjugaison.*

Verbes de la deuxième conjugaison. — Devenez-vous, mourir, je deviens, mourrez, vint, était sorti, revenait.

Conjuguer le subjonctif du verbe *arriver*.

Calcul oral. — Exercice au tableau.

Numéro 154.

Dictée. = *Noms, articles, adjectifs, pronoms, verbes actifs, passifs et neutres*

Ces fleurs sont écloses de hier. Le temps s'écoule et ne revient plus. Ces lettres ne sont pas émanées de lui. De pareilles idées ne seraient pas entrées dans son esprit. Les blés seront bientôt épiés. De nombreux incidents sont intervenus dans cette affaire. Nous interviendrons entre lui et vous. Dans la dernière guerre nous avons perdu un grand nombre de soldats; les uns ont été tués par les armes ennemies; les autres sont morts des suites de leurs blessures, ou ont succombé aux attaques de la maladie cruelle qui décime les populations depuis plusieurs années. Le prince impérial est né sous une heureuse étoile.

Exercice Grammatical. — *Souligner les verbes de la troisième conjugaison.*

Verbes de la troisième conjugaison. — Il n'y en a point.

Conjuguer l'infinitif et le participe du verbe *arriver*.

Calcul oral. — Exercice au tableau.

Numéro 155.

Dictée. — *Noms, articles, adjectifs, pronoms, verbes actifs, passifs et neutres.*

Vous désireriez que nous fussions partis quand vous arriverez ; cela n'est pas possible ; votre arrivée est trop prochaine. Il est heureux que vous soyez parvenus à ce résultat, puisque votre avenir était si incertain. Dans leur voyage, elles sont parvenues jusqu'au sommet des Alpes ; et le quinze du mois prochain, elles seront retournées dans leurs foyers. Un affreux orage est survenu ces jours derniers. Toutes les récoltes ont été emportées. Les blés ont été écrasés sous la masse de grêle qui est tombée. C'est un triste et douloureux spectacle.

Exercice Grammatical. — *Souligner les verbes de la quatrième conjugaison.*

Verbes de la quatrième conjugaison. — Comprendre, fait, déplut, fut, dit, j'ai commis.

Conjuguer les quatre premiers temps de l'indicatif du le verbe pronominal *s'emparer*.

Récapitulation des numéros 151, 152, 153, 154, 155.

Numéro 156.

Dictée. — *Noms, articles, adjectifs, pronoms, verbes actifs, passifs et neutres.*

Nous avons abordé sur une plage déserte et inconnue. Vous êtes abordés dans un hâvre sûr et tranquille. Vos parents sont accourus à votre rencontre. Votre mère, quoique bien âgée, n'est pas accourue la dernière. Dieu qui est apparu si souvent aux prophètes, n'apparaît plus de nos jours. Il n'y a pas d'homme assez juste sur la terre pour mériter cette faveur du ciel. Ces faits vous auraient apparu aussi merveilleux qu'à nous. Dans le dernier orage, la rivière s'est accrue d'une manière effrayante, mais elle a baissé avec rapidité. Elle fut baissée plus promptement encore sans le vent qui soufflait de la mer.

Exercice Grammatical. — *Souligner les verbes passifs.*

Verbes passifs. — Fut touché.
Conjuguer les quatre derniers temps de l'indicatif du verbe *s'emparer.*

Géographie. = Démonstration sur la carte.

Numéro 157.

Dictée. — *Noms, articles, adjectifs, pronoms, verbes actifs, passifs et neutres.*

Les oracles menteurs ont cessé à la venue du Christ. Nos soldats ne sont pas dégénérés de leurs ancêtres; ils l'ont montré dans la dernière guerre. Mon oncle serait demeuré dans ma maison, sans les perfides suggestions auxquelles il a cédé; et pour confirmer les craintes que je lui exprimais, il est descendu au tombeau quelques mois après son départ. Les feux allumés sur le rivage eurent disparu le matin. Les délais que je vous avais accordés étant expirés, j'ai dû agir en conséquence. Votre fils aurait grandi dans l'estime publique, s'il n'était péri à la peine. Le cortége qui est passé dans cette rue est déjà monté dans la partie haute de la ville.

Exercice Grammatical. — *Souligner les verbes neutres.*

Verbes neutres. — Monter, sonna, vive.
Conjuguer le conditionnel et l'impératif du verbe *s'emparer.*

Géographie. = Démonstration sur la carte.

Numéro 158.

Dictée. — *Noms, articles, adjectifs, pronoms, verbes actifs, passifs et neutres.*

Combien de temps êtes-vous restés dans cette ville? Un

an? Ce temps vous a paru sans doute être passé bien vite, au milieu des plaisirs que tout le monde cherchait à vous procurer. Auriez-vous résolu de poursuivre cette entreprise, qui vous est apparue si peu avantageuse dès le principe? J'y suis résolu, et je réussirai. Prenez garde que dans quelques années il n'en soit résulté assez de désagréments pour vous faire maudire l'instant où vous l'aurez entreprise. Votre mère a bien vieilli depuis quelques années. A son âge, votre père n'était pas aussi vieilli. Il est vrai qu'il n'avait pas éprouvé les derniers chagrins qui ont assailli votre mère.

EXERCICE GRAMMATICAL. — *Souligner les verbes pronominaux.*

Verbes pronominaux. — Il n'y en a point.
Conjuguer le subjonctif du verbe *s'emparer*.

CALCUL ORAL. — Exercice au tableau.

Numéro 159.

DICTÉE. — *Noms, articles, adjectifs, pronoms, verbes actifs, passifs, neutres et pronominaux.*

Appelé par une affaire pressante, je m'absente aujourd'hui; j'espère que vous ne profiterez pas de mon absence pour introduire le désordre dans la maison. Tu t'abstiens de tout mal; une récompense honorable t'est réservée. Une vieille femme s'accroupit au coin du feu, réchauffant à l'âtre ses membres glacés par l'âge. Chaque jour nous approche de la mort; et à chaque minute, nous nous acheminons vers le tombeau. Vous vous adonnez à l'étude, c'est le moyen de satisfaire vos parents. Les chameaux et les éléphants s'agenouillent pour recevoir leur charge.

EXERCICE GRAMMATICAL. — *Souligner les verbes pronominaux.*

Verbes pronominaux. — Il n'y en a point.
Conjuguer l'infinitif et le participe du verbe *s'emparer*.

CALCUL ORAL. — Exercice au tableau.

Numéro 160.

Dictée. — *Noms, articles, adjectifs, pronoms, verbes actifs, passifs, neutres et pronominaux.*

Un jour, j'eus la malheureuse idée de donner la chasse à un chat dans un appartement fermé. Cet animal, devenu furieux, sautait sur les meubles, s'agriffait à la tapisserie, et allait s'élancer sur moi, quand j'ouvris la porte de la chambre où nous étions renfermés. Tu t'aheurtais à cela contre l'avis de tous tes parents. Je m'amourachais de la ville, et le village m'ennuyait. Vous vous arrogiez un droit que tout le monde vous déniait. Les perdrix se blottissaient devant nos chiens d'une manière plaisante. Nous nous carrions comme de grands personnages, fiers que nous étions de nos pompeux vêtements.

Exercice Grammatical. — *Souligner les verbes impersonnels.*

Verbes impersonnels. — Il n'y en a point.
Conjuguer le verbe impersonnel : *il neige*.

Récapitulation des numéros 156, 157, 158, 159, 160.

Numéro 161.

Classe du matin. — *Conjuguer les deux premiers modes du verbe* danser.

Classe du soir. — **Dictée.** — *Noms, articles, adjectifs, pronoms, verbes actifs, passifs, neutres et pronominaux.*

Je me défiai de cet homme, et j'eus mille fois raison. Tu te démenas comme un possédé touché par l'eau bénite. Mon créancier se désista de sa poursuite. Nous nous ébahîmes de l'audace de cette femme. Vous vous ébattîtes sur la pelouse verte du château. Les murs de Jéricho s'écroulèrent au son des trompettes. La muraille de notre jardin s'est éboulée à la suite des pluies de cet hiver. À la nouvelle de la paix, tout le peuple s'est écrié : vive l'empereur! Je me suis efforcé de les rendre plus doux ; j'ai perdu mon temps et ma peine. Des voleurs se sont embusqués à ce carrefour. Vous vous êtes empressés de m'obéir. Nous nous en sommes allés de suite.

EXERCICE GRAMMATICAL. — *Souligner tous les noms*

Noms. — Rapport, roi, roi, maison, père, sang, Joab, hommes, Abner, amassa, l'ordre, Joab, coup, mort, pied, l'autel, roi, Séméi, maison, Jérusalem, ville, torrent, Cédron.

Conjuguer les quatre derniers modes du verbe *danser*.

GÉOGRAPHIE. — Démonstration sur la carte.

Numéro 162.

CLASSE DU MATIN. — *Conjuguer les deux premiers modes du verbe* nourrir.

CLASSE DU SOIR. — DICTÉE. — *Noms, articles, adjectifs, pronoms, verbes actifs, passifs, neutres et pronominaux.*

A votre approche, ils se furent enfuis avec précipitation. Vous vous fûtes enquis du succès de votre demande. Nous nous fûmes enquêtés de votre affaire. Tu t'en fus retourné chez toi. Je me fus épris d'une belle passion pour la gloire des armes. Voyez la conséquence qui s'en fut suivie si nous nous étions entr'aidés de toutes nos forces ; nous aurions réussi. Si vous vous étiez entre-choqués en courant, il en serait résulté du mal pour tous deux. La précipitation en tout est nuisible. Les ennemis s'étaient entre-détruits avant de recevoir notre choc ; tant était grande la terreur panique qui s'était emparée d'eux.

EXERCICE GRAMMATICAL. — *Souligner les* noms communs.

Noms communs. — Demande, cœur, richesses, gloire, mort, ennemis, vie, lumière, sagesse, lumière, sagesse, point, richesses, gloire, roi.

Conjuguer les quatre derniers modes du verbe *nourrir*.

GÉOGRAPHIE. — Démonstration sur la carte.

Numéro 163.

CLASSE DU MATIN. — *Conjuguer les quatre premiers modes du verbe* concevoir.

Classe du soir. — *Dictée.* — *Noms, articles, adjectifs, pronoms, verbes actifs, passifs, neutres et pronominaux.*

Les deux époux se sont entre-donné leurs biens. Ces deux enfants se seront entre-frappés. Auriez-vous permis qu'ils se fussent entr'égorgés ? Vous voudriez que nous nous entre-mettions pour vous accorder. Ces deux ambitieux se seraient entre-nui. Les deux adversaires étaient si acharnés l'un contre l'autre qu'ils s'entre-percèrent. Etes-vous sûrs que vos sœurs se soient entre-poussées ? Nous savons qu'elles se sont entre-querellées plusieurs fois. Les deux musiques s'entre-répondaient. C'était un spectacle délicieux. Ces deux navires sont partis en même temps et suivent la même route afin de s'entre-secourir au besoin.

Exercice Grammatical. — *Souligner les noms propres.*

Noms propres. — Israël, Salomon, Salomon, Israël.

Conjuguer les quatre derniers modes du verbe *concevoir*.

Calcul oral. — Exercice au tableau.

Numéro 164.

Classe du matin. — *Conjuguer les deux premiers modes du verbe* répandre.

Classe du soir. — *Dictée.* — *Noms, articles, adjectifs, pronoms, verbes actifs, passifs, neutres, pronominaux et impersonnels.*

Je me repents de ma faute. Tu t'es nui. Cet homme s'en allait. Cette femme s'y était plu. Nous nous fûmes repentis de notre précipitation. Vous vous nuisîtes par votre imprudence. Nos amis s'en iront, si vous venez. Vous verrez que nos sœurs s'y seront plu. Je me repentirais, si mon intention avait été coupable. Tu te serais nui par ta légèreté. Je veux que ce mauvais élève s'en aille. Je voudrais que ma fille s'y plaise. Dieu désire que nous nous repentions avec sincérité. Je crains que vous vous soyez nui. Il faudrait que vos enfants s'en allassent. Il aurait été convenable que ces demoiselles s'y fussent plu.

Exercice Grammatical. — *Souligner une fois les* noms masculins *et deux fois les* noms féminins.

Noms masculins. = Le temple, le marteau, instrument, ce temple, le modèle, du tabernable, livre, ce temple, ce sanctuaire, un or, Salomon, chandeliers, d'or, côtés, du temple.

Noms féminins. — La cognée, l'arche, d'alliance, branches, partie.

Conjuguer les quatre derniers modes du verbe *répandre*.

Calcul oral. — Exercice au tableau.

Numéro 165.

Classe du matin. — *Conjuguer les deux premiers modes du verbe* être frappé.

Classe du soir. = Dictée. = *Noms, articles, adjectifs, pronoms et verbes.*

Les jours s'entre-suivent, mais ils ne se ressemblent pas ; les uns nous apportent des joies, les autres des peines. Ceux-ci se présentent à nous avec l'apparence de la gaieté, et ceux-là traînent à leur début l'appareil de la douleur. Plusieurs commencent par la tristesse et finissent par le calme et la paix. D'autres qui semblent nous sourire en commençant se terminent dans les larmes. Ainsi le soleil se lève riant, et se couche dans les sombres voiles des nuages. Ainsi la vie de l'homme est mêlée de biens et de maux, de tranquillité et d'agitation, de paix et d'inquiétude. Dieu seul est toujours le même, parce que Dieu seul est inaccessible au mal.

Exercice Grammatical. — *Souligner une fois les* noms singuliers *et deux fois les* noms pluriels.

Noms singuliers. — Dédicace, du temple, Salomon, an, du monde, le temps, de la fête, d'Israël, un peuple, du roi, la dédicace, du temple, l'arche, d'alliance, le roi, Salomon, le peuple, l'arche, nombre, l'arche, le sanctuaire, du temple, temps, musique, ce cantique.

Noms pluriels. — Des tabernacles, les anciens, les chefs, des tribus, des prêtres, des victimes, les lévites, leurs instruments.

Conjuguer les quatre dernier modes du verbe *être frappé*.

RÉCAPITULATION des numéros 161, 162, 163, 164, 165.

Numéro 166.

CLASSE DU MATIN. — *Conjuguer les deux premiers modes du verbe* être embelli.

CLASSE DU SOIR. — DICTÉE. = *Noms, articles, adjectifs, pronoms et verbes.*

Les combattants s'entre-tuèrent : C'était un spectacle horrible et navrant. Personne n'aurait pu résister sans verser des larmes aux cris de ces malheureux qui appelaient la mort. Aux uns, il manquait une jambe ; aux autres un bras. Celui-ci soutenait avec peine ses entrailles qui sortaient de son ventre percé d'un coup de sabre. Celui-là présentait une tête fendue d'un coup de hache, sa cervelle broyée ruisselait sur ses épaules. Un autre avait perdu ses deux bras et ses deux jambes dans la bataille, et n'offrait aux regards qu'un tronc ensanglanté.

EXERCICE GRAMMATICAL. — *Souligner une fois les articles et deux fois les* articles simples.

Articles. = Le, aux, la, la, du, le.
Articles simples. — Le, la, la, le.
Conjuguer les quatre derniers modes du verbe *être embelli*.

GÉOGRAPHIE. — Démonstration sur la carte.

Numéro 167.

CLASSE DU MATIN. — *Conjuguer les deux premiers modes du verbe* être déçu.

CLASSE DU SOIR. — DICTÉE. — *Noms, articles, adjectifs, pronoms et verbes.*

Vous connaissez son amitié pour moi. Croiriez-vous qu'il s'est estomaqué de ce que je ne lui ai pas rendu sa visite ? Une amitié qui ne pardonne pas la moindre faute ne doit pas être regardée comme vraie. Aussi j'ai bien peur que les liens qui nous unissaient ne soient rompus.

J'avoue, et je le lui ai confessé à lui-même, que j'ai eu tort. Ma première pensée aurait dû être pour mon ami ; mais vous savez que dans plusieurs circonstances, les convenances sociales prennent le pas sur les épanchements du cœur. C'est ce qui m'est arrivé dans cette occasion. Je le lui ai expliqué. Il a feint de se rendre à mes raisons, et cependant l'accord est loin d'être rétabli entre nous.

Exercice Grammatical. — *Souligner une fois les articles* composés *et deux fois les articles* masculins.

Articles composés. — Des, du, du, des, des.
Articles masculins. — Du, du, des, les, les, les, des.
Conjuguer les quatre derniers modes du verbe *être déçu*.

Géographie. — Démonstration sur la carte.

Numéro 168.

Classe du matin. — *Conjuguer les deux premiers modes du verbe* être attendu.

Classe du soir. — **Dictée.** — *Noms, articles, adjectifs, pronoms et verbes.*

Nul ne pourrait concevoir l'adresse de ce fripon ; il s'est évadé de la prison, la veille de son exécution, d'une manière merveilleuse. Ni le geôlier, ni le porte-clefs, ni le directeur de la prison, qui l'avait visité depuis fort peu de temps, ni la sentinelle qui le gardait presque à vue, personne ne s'est aperçu à temps de sa fuite. Il devait être en lieu de sûreté quand on est allé le prendre pour le conduire à l'échafaud ; toutes les démarches qu'on a faites n'ont amené aucun résultat.

Exercice Grammatical. — *Souligner une fois les articles* féminins, *et deux fois les articles singuliers*.

Articles féminins. — Des, la, des.
Articles singuliers. — Le, la, le.
Conjuguer les quatre derniers modes du verbe *être attendu*.

Calcul oral. — Exercice au tableau.

ÉLÉMENTAIRE

Numéro 169.

Classe du matin. — *Conjuguer les deux premiers modes du verbe* jeûner.

Classe du soir. — Dictée. — *Noms, articles, adjectifs, pronoms et verbes.*

Cette jeune femme s'évanouit plusieurs fois le jour. Sa constitution doit être bien mauvaise. Si j'étais son père, elle m'inspirerait des craintes qui me donneraient une grande inquiétude. Ces fréquentes défaillances sont un signe de santé délicate et frêle que je n'aimerais pas à voir dans toute personne qui me serait attachée par les liens du sang ou de l'amitié. Une sotte vanité est la cause fondamentale de ces évanouissements. Le désir de se donner une taille svelte et élancée fait que l'on use de corsets, espèces de chemises de force, dans laquelle on emprisonne la nature. Pour paraître belle, on s'étiole et l'on se tue.

Exercice Grammatical. — *Souligner une fois les articles pluriels et deux fois les adjectifs.*

Articles pluriels. — Il n'y en a point.

Adjectifs. — Votre, quelque, ce, un quarante, ses, son, sa, méchants.

Conjuguer les quatre derniers modes du verbe *jeûner.*

Calcul oral. — Exercice au tableau.

Numéro 170.

Classe du matin. — *Conjuguer les deux premiers modes du verbe* entrer (ce verbe prend l'auxiliaire être.)

Classe du soir. — Dictée. — *Noms, articles, adjectifs, pronoms et verbes.*

L'eau convenablement chauffée s'évapore; en d'autres termes se transforme en une espèce de fumée blanchâtre qui s'élève à la surface du liquide et qu'on appelle vapeur. Cette vapeur produit des effets merveilleux que nos pères ignoraient. C'est elle qui dans nos usines fait mouvoir des machines que les efforts réunis de plusieurs centaines d'ouvriers mettraient à peine en mouvement. C'est elle qui permet à nos vaisseaux d'affronter les vents en furie et les mers en courroux. C'est elle enfin qui sur nos chemins de fer dévore l'espace et nous transporte avec une rapidité inconcevable aux lieux les plus éloignés.

EXERCICE GRAMMATICAL. — *Souligner une fois les adjectifs qualificatifs et deux fois les déterminatifs.*

Adjectifs qualificatifs. — Propres, imprudents, insensés.
Adjectifs déterminatifs. — Mes, mes, leurs, leurs, toutes.

Conjuguer les quatre derniers modes du verbe *entrer*.
RÉCAPITULATION des numéros 166, 167, 168, 169, 170.

Numéro 171.

CLASSE DU MATIN. — *Conjuguer les deux premiers modes du verbe* sauter.

CLASSE DU SOIR. — DICTÉE. — *Noms, articles, adjectifs, pronoms et* verbes.

Si cet élève s'évertuait, il deviendrait fort dans sa classe ; ses progrès seraient sensibles. Mais il est d'une nonchalance dont rien n'approche, et son instruction toute superficielle ne lui sera d'aucun secours. La légèreté est sans aucun doute un bien grand défaut dans un élève. Et cependant la légèreté est préférable à la nonchalance, à cette lâcheté qui rend incapable de tout effort, qui paralyse la volonté dans ses actes mêmes les plus nécessaires, qui enfin assimile l'homme à la brute, n'obéissant qu'à ses instincts, et subissant la loi d'autrui, plutôt que de se faire violence.

EXERCICE GRAMMATICAL. — *Souligner une fois les adjectifs déterminatifs numéraux, et deux fois les possessifs.*

Adjectifs numéraux. — Il n'y en a point.
Adjectifs possessifs. — Votre, vos, vos, vos, vos, vos, vos.

Conjuguer les quatre derniers modes du verbe *sauter*.
GÉOGRAPHIE. — Démonstration sur la carte.

Numéro 172.

CLASSE DU MATIN. — *Conjuguer les deux premiers modes du verbe* décéder (ce verbe prend l'auxiliaire être.)

Classe du soir. — Dictée. — *Noms, articles, adjectifs, pronoms et verbes.*

Si vous aviez vu la dernière exposition de l'Industrie, qui a eu lieu à Paris en mil huit cent cinquante-cinq, vous vous seriez extasiés devant ces merveilles sorties des mains de l'homme. Que votre admiration aurait été grande devant ces prodiges de l'art humain ! Dans le palais de cristal étaient réunis tous les produits de la science et de la nature, qui avaient été trouvés les plus dignes d'exciter l'intérêt, soit pour la perfection du travail, soit pour la richesse de la matière, soit pour l'utilité de l'œuvre ; tout cela, en un mot, portait un caractère marqué de beauté, de grandeur, de richesse ou d'utilité.

Exercice Grammatical. — *Souligner une fois les adjectifs déterminatifs démonstratifs, et deux fois les indéfinis.*

Adjectifs démonstratifs. — Il n'y en a point.
Adjectifs indéfinis. — même, aucun, tout.
Conjuguer les quatre derniers modes du verbe *décéder*.

Géographie. — Démonstration sur la carte.

Numéro 173.

Classe du matin. — *Conjuguer les deux premiers modes du verbe* languir.

Classe du soir. — Dictée. — *Noms, articles, adjectifs, pronoms et verbes.*

Un homme qui se formalise des observations de l'amitié n'est pas digne qu'on l'honore de ce doux sentiment. Beaucoup de choses doivent être pardonnées à un ami ; cela est vrai, mais un véritable ami n'est pas flatteur. Celui qui flatte son ami veut être flatté à son tour. Celui qui ne voit pas les défauts de son ami, ne veut pas qu'on voie les siens. Des amis qui se flattent l'un l'autre n'ont pas le droit d'être appelés de ce nom. L'amitié ne saurait exister avec cette condition qu'elle déguise ses pensées et ses sentiments. Une telle amitié ne résistera pas à la première observation qui échappera à l'un des deux amis dans un moment de franchise.

EXERCICE GRAMMATICAL. — *Souligner une fois les adjectifs masculins et deux fois les adjectifs féminins.*

Adjectifs masculins. = Tout, possible, vos, vos, votre, tout, un, son, impur, attentif.

Adjectifs féminins. — Médisantes, droite, gauche.

Conjuguer les quatre derniers modes du verbe *languir*.

CALCUL ORAL. — Exercice au tableau.

Numéro 174.

CLASSE DU MATIN. — *Conjuguer les deux premiers modes du verbe rester.*

CLASSE DU SOIR. — DICTÉE. — *Noms, articles, adjectifs, pronoms et verbes.*

Un enfant ne doit jamais se gendarmer contre les ordres de ses parents. L'obéissance à ceux qui nous ont donné le jour est un des plus rigoureux devoirs. Il est très-naturel que nos parents s'attendent à notre obéissance. Ils ont entouré nos jeunes années de tant de soins, de tant de sollicitude; ils se sont donné tant de soucis pour nous, qu'il y aurait de l'ingratitude à ne pas les payer d'une juste réciprocité. Ils ont reçu de Dieu, notre maître et notre créateur, le pouvoir de nous commander. Et de même que nous devons une entière obéissance au Souverain Maître de qui nous dépendons; ainsi nous sommes obligés à obéir à ceux qui sont pour nous les représentants de Dieu sur la terre.

EXERCICE GRAMMATICAL. — *Souligner une fois les adjectifs singuliers et deux fois les adjectifs pluriels.*

Adjectifs singuliers. = Paresseux, sage, sa, paresseux, votre, un, un, un, un.

Adjectifs pluriels. — Derniers.

Conjuguer les quatre derniers modes du verbe *rester*.

CALCUL ORAL. — Exercice au tableau.

Numéro 175.

Classe du matin. — *Conjuguer les deux premiers modes du verbe* obéir.

Classe du soir. — Dictée. = *Noms, articles, adjectifs, pronoms et verbes.*

J'ai une chose à vous recommander, mes amis, c'est que vous ne vous immisciez pas dans les affaires qui ne vous concernent pas d'une manière particulière. Vous auriez dans plusieurs occasions sujet de vous repentir de l'avoir fait, et c'est avec juste raison qu'un de nos vieux auteurs, je ne sais plus lequel, a dit : Ne vous mêlez pas des affaires des grands; vous seriez victimes. Qu'arrive-t-il à ceux qui se mêlent de ce qui ne les regarde pas? S'ils ont prêté un secours utile, ils ne sont pas même récompensés par une reconnaissance qui leur est due à juste titre. Si leur concours n'a produit aucun bon effet, ceux qu'ils ont aidés leur attribuent leurs mauvais succès.

Exercice Grammatical. — *Souligner une fois les* pronoms *et deux fois les* pronoms personnels.

Pronoms. = Elle, elle, se, elle, se, elle, ceux, vous, s', ce que, c', vous, vous-mêmes, moi, c', je, moi, qui.

Pronoms personnels. — Elle, elle, se, elle, se, elle, vous, s', vous, vous-mêmes, moi, je, moi.

Conjuguer les quatre derniers modes du verbe *obéir*.

Récapitulation des numéros 171, 172, 173, 174, 175.

Numéro 176.

Classe du matin. = *Conjuguer les deux premiers modes du verbe* marcher.

Classe du soir. — Dictée. — *Noms, articles, adjectifs, pronoms et verbes.*

Notre ami s'est mis dans un grand embarras par sa bonté. Je ne sais comment il s'ingéniera pour en sortir. Dans tous les cas, il est à plaindre. Il a cru rendre service à un malheureux. Il a été victime d'un fripon. Sa bonté l'a perdu. Je souhaite que ce qui lui arrive en ce moment lui soit une leçon. J'ai de la peine à l'espérer. Son cœur se laisse trop facilement émouvoir. On commet des erreurs de cœur semblables aux erreurs de l'esprit. Les premières sont plus regrettables que les secondes.

EXERCICE GRAMMATICAL. — *Souligner une fois les pronoms possessifs et deux fois les pronoms démonstratifs.*

Pronoms possessifs. — Il n'y en a point.
Pronoms démonstratifs. — Celui, celui, ce, ce.

Conjuguer les quatre derniers modes du verbe *marcher*.

GÉOGRAPHIE. — Démonstration sur la carte.

Numéro 177.

CLASSE DU MATIN. — *Conjuguer les deux premiers modes du verbe* rancir.

CLASSE DU SOIR. — DICTÉE. = *Noms, articles, adjectifs, pronoms et verbes.*

Deux enfants, frère et sœur, avaient un père qui, à force de travail, était venu à bout d'acquérir un certain bien-être. C'était, disait ce bon père, l'amour de ses enfants qui le faisait se livrer avec ardeur au travail. Il ne les laissait manquer de rien ; ils étaient bien habillés, bien nourris ; la maison qu'ils occupaient leur appartenait. Ce brave homme ne connaissait pas de plaisir plus doux que celui de pourvoir à tous les besoins de ses enfants. Il cherchait aussi à leur inspirer son amour pour le travail.

EXERCICE GRAMMATICAL. — *Souligner une fois les pronoms relatifs et deux fois les pronoms indéfinis.*

Pronoms relatifs. — Qui, qui, qui, qui, qu', qui.
Pronoms indéfinis. — On.

Conjuguer les quatre derniers modes du verbe *rancir*.

GÉOGRAPHIE. — Démonstration sur la carte.

Numéro 178.

CLASSE DU MATIN. — *Conjuguer les deux premiers modes du verbe* s'absenter.

CLASSE DU SOIR. — DICTÉE. — *Noms, articles, adjectifs, pronoms et verbes.*

Mes enfants, leur disait ce bon père dont nous avons parlé plus haut, votre mère et moi nous ne sommes pas immortels. Vous devez rester après nous ; et alors, comme à présent, il ne se passera pas de jour que vous n'ayez besoin de quelque chose pour votre nourriture et votre entretien ; car ces sortes de besoins se renouvellent continuellement. Il faut donc aussi continuellement travailler, sans quoi vous aurez beaucoup à souffrir. Suivez mes conseils, et l'exemple que nous vous donnons chaque jour, votre mère et moi.

EXERCICE GRAMMATICAL. — *Souligner une fois les pronoms personnels de la* première personne, *et deux fois ceux de la* deuxième.

Pronoms personnels de la première personne. — Il n'y en a point.
Pronoms personnels de la deuxième personne. — Il n'y en a point.
Conjuguer les quatre derniers modes du verbe *s'absenter*.

CALCUL ORAL. — Exercice au tableau.

Numéro 179.

CLASSE DU MATIN. — *Conjuguer les deux premiers modes du verbe* s'accroupir.

CLASSE DU SOIR. — DICTÉE. — *Noms, articles, adjectifs, pronoms et verbes.*

Les sages avis de ce bon père faisaient sur l'esprit de la petite fille la plus vive impression ; et elle les suivait de point en point. Assidue à la maison, elle s'y occupait sans cesse. Aucune compagnie ne lui était si chère ni si familière que celle de sa tendre mère. Elle ne croyait pas pouvoir trop tôt apprendre ce qu'elle devait faire pour se procurer des biens temporels. Le garçon avait cinq ans de plus qu'elle ; il s'en fallait bien cependant qu'il fut aussi raisonnable et aussi docile. Les avis de son père ne lui faisaient pas faire la moindre réflexion.

EXERCICE GRAMMATICAL. — *Souligner une fois les* pronoms personnels de la troisième personne, *et deux fois les* pronoms masculins.

Pronoms personnels de la troisième personne. = Se, lui-même.

Pronoms masculins. C', qui, qui, qui, lui-même, celui, qui, se, c', qui, ce, qui.

Conjuguer les quatre derniers modes du verbe *s'accroupir*.

CALCUL ORAL. — Exercice au tableau.

Numéro 180.

CLASSE DU MATIN. — *Conjuguer les deux premiers modes du verbe* se morfondre.

CLASSE DU SOIR. — DICTÉE. — *Noms, articles, adjectifs, pronoms et verbes.*

Le garçon s'autorisait des soins que prenaient ses parents pour qu'il ne manquât de rien, pour vivre dans la fainéantise et l'insouciance, et il affectait d'éloigner de son esprit tout ce qu'il entendait dire de la nécessité du travail. Dans une nuit, où toute la famille était livrée au sommeil le plus profond, il se fit tout-à-coup autour de leur maison un grand tumulte ; on frappe à la porte à grands coups pour les éveiller ; on l'enfonça même. C'est que le feu avait pris à leur maison.

EXERCICE GRAMMATICAL. — *Souligner une fois les* pronoms féminins *et deux fois les* pronoms singuliers.

Pronoms féminins. — L'.

Pronoms singuliers. — Celui, qui, ce, qu', il, celui, qui, ce, qu', il, y, y, celui, qui, il, l', celui, qui, il.

Conjuguer les quatre derniers modes du verbe *se morfondre*.

RÉCAPITULATION des numéros 176, 177, 178, 179, 180.

Numéro 181.

CLASSE DU MATIN. — *Conjuguer les deux premiers modes du verbe* s'acheminer.

Classe du soir. = Dictée. — *Noms, articles, adjectifs, pronoms et verbes.*

Ces pauvres gens sortirent de leur maison avec précipitation. Il en était temps ; car à peine furent-ils dehors, que le feu avait déjà gagné partout. Il ne fut pas possible d'arracher aux flammes le moindre de leurs effets ; et ce que le père et la mère, comme les enfants, avaient sur le corps fut tout ce qui leur resta de leurs richesses. Il ne fallut pas longtemps à cet incendie pour détruire la maison entière. Ainsi ces braves gens virent en un instant leur échapper les fruits pénibles de plusieurs années de travail, et tout ce qu'ils avaient amassé pour leurs enfants.

Exercice Grammatical. — *Souligner une fois les* pronoms pluriels *et deux fois les* verbes.

Pronoms pluriels. — Les.
Verbes — Acheter, planter, endurcit, fortifie, voit, s'éteint, met, a quitté, reprennent, ouvre, étend, assister, craint, sont vêtus, fait, est vêtue.
Conjuguer les quatre derniers modes du verbe *s'acheminer*.

Géographie. — Démonstration sur la carte.

Numéro 182.

Classe du matin. = *Conjuguer les deux premiers modes du verbe s'apercevoir.*

Classe du soir. — Dictée. — *Noms, articles, adjectifs, pronoms, verbes et participes.*

Ces braves gens ne voyaient plus où ils pourraient prendre pour pourvoir à leurs besoins, et l'aspect de l'avenir leur causait des angoisses mortelles. Ils avaient bien toujours la ressource du travail, mais combien de temps ne fallait-il pas avant qu'il pût produire assez pour réparer l'énorme dommage qu'ils venaient de souffrir ! Ils s'arrachaient les morceaux de la bouche pour pouvoir nourrir leurs enfants, et la mère était obligée de prendre sur ses habits même pour habiller sa fille.

Exercice Grammatical. — *Souligner une fois le* verbe substantif *et deux fois les* verbes attributifs.

Verbes substantifs. — Sera, est.

Verbes attributifs. — Sera caché, gardez-vous, peuvent, servir, souiller, demeurera, ment, donne, vient, cessez, cherchez, attirez, prend, a créé.

Conjuguer les quatre derniers modes du verbe *s'apercevoir*.

Géographie. = Démonstration sur la carte.

Numéro 183.

Classe du matin. — *Conjuguer les deux premiers modes du verbe* se blottir.

Classe du soir. = Dictée. = *Noms, articles, adjectifs, pronoms, verbes et participes.*

La fille qui était sage, répandait des torrents de larmes toutes les fois qu'elle voyait ses pauvres parents faire en sa faveur de tels sacrifices, et elle ne peut se déterminer à les accepter long-temps. A peine âgée de onze ans, elle leur demanda la permission d'aller servir. Vous ne serez au moins plus obligés, leur disait-elle, de retrancher sur votre nourriture pour moi, et de vous livrer à mille peines pour fournir à mon entretien. Ce ne fut qu'à force d'instances qu'elle peut obtenir ce qu'elle demandait.

Exercice Grammatical. — *Souligner une fois les verbes actifs et deux fois les verbes passifs.*

Verbes actifs. — Eprouvons, verrons, prendra, délivrera, éprouvons, sachons, condamnons, prendra, ont pensé, ont ignoré.

Verbes passifs. — Il n'y en a point.

Conjuguer les quatre derniers modes du verbe *se blottir*.

Calcul oral. — Exercice au tableau.

Numéro 184.

Classe du matin. — *Conjuguer les deux premiers modes du verbe* se répondre.

Classe du soir. — Dictée. — *Noms, articles, adjectifs, pronoms, verbes et participes.*

Cette jeune fille s'engagea chez une dame de la première distinction, et son amour pour le travail lui concilia bientôt sa bienveillance. Cette dame en fut si contente, qu'outre la nourriture, elle lui donna encore un petit gage. De temps en temps aussi elle lui donnait de ses vieux habits, dont cet enfant savait s'habiller encore avec propreté. Le dimanche elle avait permission d'aller voir ses parents. Avec quelle joie elle volait pour s'acquitter de ce devoir!

EXERCICE GRAMMATICAL. — *Souligner une fois les* verbes neutres *et deux fois les* verbes pronominaux.

Verbes neutres. — Meurt, aller, jouir.
Verbes pronominaux. — Il n'y en a point.

Conjuguer les quatre derniers modes du verbe *se répondre*.

CALCUL ORAL. — Exercice au tableau.

Numéro 185.

CLASSE DU MATIN. — *Conjuguer les deux premiers modes du verbe* s'évanouir.

CLASSE DU SOIR. — DICTÉE. — *Noms, articles, adjectifs, pronoms, verbes et participes.*

Cette bonne enfant portait à ses parents le salaire de la semaine qui venait de s'écouler, et toujours aussi quelque chose de sa nourriture, dont elle avait eu soin de se priver pour leur en faire part, avec l'agrément de sa maîtresse. Mes chers père et mère, leur disait-elle, ne dédaignez pas ce faible témoignage de ma reconnaissance : je voudrais bien que ce fût quelque chose de plus considérable ; mais c'est tout ce que je peux pour le présent : lorsque je gagnerai un gage plus fort, il sera tout entier à vous.

EXERCICE GRAMMATICAL. — *Souligner une fois les* verbes impersonnels *et deux fois les* verbes à l'indicatif.

Verbes impersonnels. — Il n'y en a point.
Verbes à l'indicatif. — Diront, ont été, parlions, étions, paraissait, est, est, sommes égarés, a lui.

Conjuguer les quatre derniers modes du verbe *s'évanouir*.

Récapitulation des numéros 181, 182, 183, 184, 185.

Numéro 186.

Classe du matin. — *Conjuguer les deux premiers modes du verbe* il résulte.

Classe du soir. — Dictée. — *Noms, articles, adjectifs, pronoms, verbes et participes.*

Ces bons parents répondaient par des larmes de joie à ces procédés attendrissants de leur vertueuse fille, et ne voulaient point accepter ses offres, lui représentant que tout cela lui était nécessaire. Alors vous auriez vu cette pauvre enfant pleurant, faisant des instances, et elle obtenait à la fin la cessation du refus désolant qui la chagrinait. Elle n'avait pas de plus grand plaisir que celui de donner à ses père et mère de semblables marques de sa reconnaissance, et pour être à même de le faire plus souvent, elle travaillait avec une application extrême.

Exercice Grammatical. — *Souligner une fois les verbes au* conditionnel *et deux fois les verbes à l'*impératif.

Verbes au conditionnel. — Il n'y en a point.
Verbes à l'impératif. — Considérez.
Conjuguer les quatre derniers modes du verbe *il résulte*.

Géographie. = Démonstration sur la carte.

Numéro 187.

Classe du matin. — *Conjuguer les deux premiers modes du verbe* il semble.

Classe du soir. — Dictée. = *Noms, articles, adjectifs, pronoms, verbes, participes et adverbes.*

Cependant ces honnêtes gens étaient venus à bout de se relever de leurs revers. Alors ils voulurent voir leur fille se ressentir de leur nouvelle abondance. « Non, non, » leur dit-elle, je ne souffrirai pas que vous vous défas-

» siez de rien pour moi. Il peut vous arriver encore un
» malheur semblable à celui que vous avez déjà essuyé.
» D'ailleurs, vous avancez vers l'âge où le travail devient
» moins facile, et les besoins deviennent plus grands, où
» l'on peut même en avoir d'imprévus. Je suis dans une
» condition avantageuse ; plus je grandirai, plus mon
» gain deviendra considérable. »

EXERCICE GRAMMATICAL. — *Souligner une fois les verbes au* subjonctif *et deux fois les verbes à* l'infinitif.

Verbes au subjonctif. — Il n'y en a point.
Verbes à l'infinitif. — Avoir, agir.
Conjuguer les quatre derniers modes du verbe *il semble*.

GÉOGRAPHIE. = Démonstration sur la carte.

Numéro 188.

CLASSE DU MATIN. — *Conjuguer les deux premiers modes du verbe* frapper.

CLASSE DU SOIR. — DICTÉE. = *Noms, articles, adjectifs, pronoms, verbes, participes et adverbes.*

« Je puis fort bien, continua cette estimable fille, me
» passer de vos secours. Je veux même me mettre en état
» de vous en procurer, lorsque l'âge vous mettra dans le
cas d'en recevoir. » Elle se mit réellement en état de le faire. Mais Dieu répandit sur ses parents des bénédictions si abondantes que, non seulement ils n'éprouvèrent aucun besoin dans leur vieillesse, mais même qu'ils laissèrent à leur mort une certaine somme d'argent qu'ils avaient ramassée péniblement en prévision de quelque nouveau malheur.

EXERCICE GRAMMATICAL. — *Souligner une fois les* participes *et deux fois les verbes de la* première conjugaison.

Verbes au participe. — Fait, formé, assise.
Verbes de la première conjugaison. — Avez formé, commandât, gouvernât, prononçât, donner, rejeter.
Conjuguer les quatre derniers modes du verbe *frapper*.

CALCUL ORAL. — Exercice au tableau.

Numéro 189.

Classe du matin. — *Conjuguer les deux premiers modes du verbe* ensevelir.

Classe du soir. — Dictée. — *Noms, articles, adjectifs, pronoms, verbes, participes et adverbes.*

Vous êtes assurément curieux de savoir ce que devint le frère de cette jeune fille. Sa paresse le rendit vraiment misérable. Etant parvenu à un certain âge et ayant acquis des forces suffisantes, il reçut ordre de ne plus rester à la charge de ses parents, et d'aller dans un pays étranger pour y exercer une profession qu'on lui avait enseignée. A peine était-il à une journée de distance de son pays qu'il commença à reconnaître que dans le fait il n'est pas possible de vivre sans être à couvert et avoir une habitation.

Exercice Grammatical. — *Souligner une fois les verbes de la deuxième conjugaison et deux fois ceux de la troisième.*

Verbes de la deuxième conjugaison. — Il n'y en a point.

Verbes de la troisième conjugaison. — Pourra, avez, pouvez.

Conjuguer les quatre derniers modes du verbe *ensevelir*.

Calcul oral. — Exercice au tableau.

Numéro 190.

Classe du matin. — *Conjuguer les deux premiers modes du verbe* devoir.

Classe du soir. — Dictée. — *Noms, articles, adjectifs, pronoms, verbes, participes et adverbes.*

Un certain temps s'étant écoulé, ce garçon réussit à trouver un maître; mais il savait si peu son métier, que ce qu'il gagnait par semaine se réduisait à bien peu de chose. Cependant, depuis son départ de son pays, il n'avait pas changé d'habits, et ses vêtements tombaient en pièces, d'autres lui devenaient d'une nécessité indispensable; mais sa paresse lui ôtait les moyens d'en acheter.

Elle lui attira même un autre désagrément non moins sensible; son maître le congédia ignominieusement.

Exercice Grammatical. — *Souligner une fois les verbes de la* quatrième conjugaison, *et deux fois les verbes au* présent.

Verbes de la quatrième conjugaison. — Ont reconnu, étaient, croient, prennent, est, être, est.

Verbes au présent. — S'élever, croient, prennent, voir, qu'ils conçoivent, est, être, est.

Conjuguer les quatre derniers modes du verbe *devoir*.

Récapitulation des numéros 186, 187, 188, 189, 190.

Numéro 191.

Classe du matin. — *Conjuguer les deux premiers modes du verbe* suspendre.

Classe du soir. — Dictée. — *Noms, articles, adjectifs, pronoms, verbes, participes et adverbes.*

A son accoutrement déguenillé, chacun prenait ce garçon pour un fainéant et un vaurien, et il ne put absolument trouver aucun nouveau maître. Bien des fois il pensa à retourner chez son père; mais on ne voyage pas sans argent, et il n'en avait point. Mendier fut la ressource qu'il avisa, mais qui ne put pas plus le tirer d'affaire. Il ne recevait de ceux à qui il s'adressait que cette réponse humiliante : qu'il n'y avait que des mauvais sujets qui, à son âge et avec ses forces, pouvaient se résoudre à mendier.

Exercice Grammatical. — *Souligner une fois les verbes à* l'imparfait *et deux fois les verbes au* parfait.

Verbes à l'imparfait. — Il n'y en a point.
Verbes au parfait. — Fit, dit.
Conjuguer les quatre derniers modes du verbe *suspendre*.

Géographie. — Démonstration sur la carte.

Numéro 192.

Classe du matin. — *Conjuguer les deux premiers modes du verbe* blâmer.

CLASSE DU SOIR. — DICTÉE. — *Noms, articles, adjectifs, pronoms, verbes, participes et adverbes.*

Réduit à un dénûment universel, pressé d'inquiétudes aussi bien que de la faim, ce malheureux jeune homme tomba dangereusement malade. Heureusement pour lui, la pitié porta un homme honnête du pays à le recueillir et à le conduire à l'hôpital. Bientôt la mort vint l'y trouver et le débarrasser de toutes ses misères. Mes enfants, croyez-vous qu'il y ait eu du bonheur pour un tel homme? Il était réduit à une misère trop excessive pour être heureux? Et ce qui l'avait mis hors d'état de gagner sa vie, ce n'était que la paresse.

EXERCICE GRAMMATICAL. — *Souligner une fois les verbes au* parfait indéfini *et deux fois les verbes au* parfait antérieur.

Verbes au parfait défini. — A dit, ont séduit, ont mis.
Verbes au parfait antérieur. — Il n'y en a point.
Conjuguer les quatre derniers modes du verbe *blâmer.*

GÉOGRAPHIE. = Démonstration sur la carte.

Numéro 193.

CLASSE DU MATIN. — *Conjuguer les deux premiers modes du verbe* bannir.

CLASSE DU SOIR. — DICTÉE. — *Noms, articles, adjectifs, pronoms, verbes, participes et adverbes.*

La sœur de ce jeune homme fut bien aussi pour quelque temps réduite à la pauvreté; mais cette pauvreté même devint pour elle une source de satisfactions; parce que, par le moyen de son travail, elle ne l'empêchait pas de faire du bien à ses parents, et qu'enfin elle vint à bout, non seulement d'être au niveau de tous ses besoins, mais même de pouvoir faire des largesses. Il est vrai, mes chers enfants, que la faiblesse de votre âge vous met hors d'état de rien gagner encore; mais vous pouvez être actifs et laborieux.

EXERCICE GRAMMATICAL. = *Souligner une fois les verbes au* plus-que-parfait, *deux fois les verbes au* futur, *et trois fois les verbes au* futur passé.

Verbes au plus-que-parfait. — Il n'y en a point.
Verbes au futur. — Porteront, condamnerez.
Verbes au futur passé. — Aurez consulté, aurait sénit.

Conjuguer les quatre derniers modes du verbe *bannir*.

Calcul oral. — Exercice au tableau.

Numéro 194.

Classe du matin. — *Conjuguer les deux premiers modes du verbe* percevoir.

Classe du soir. — Dictée. — *Noms, articles, adjectifs, pronoms, verbes, participes et adverbes.*

Soyez actifs et laborieux, mes petits amis, et vous aurez fait le plus grand gain. Car par là vous vous procurerez à vous-mêmes un gage certain que vous ne manquerez jamais de rien. Et, en effet, avec l'habitude du travail on est à même de gagner de quoi fournir à sa nourriture, son entretien et à toutes les autres nécessités de la vie. On peut même se procurer, comme on le dit communément, une poire pour la soif ; c'est-à-dire se procurer une petite avance pour les cas imprévus,

Exercice Grammatical. = *Souligner une fois les* adverbes *et deux fois les* locutions adverbiales.

Adverbes. — Ne point, où, ne point.
Locutions adverbiales. — Il n'y en a point.

Conjuguer les quatre derniers modes du verbe *percevoir*.

Calcul oral. — Exercice au tableau.

Numéro 195.

Classe du matin. — *Conjuguer les deux premiers modes du verbe* rendre.

Classe du soir. — Dictée. = *Noms, articles, adjectifs, pronoms, verbes, participes, adverbes et prépositions.*

Vous êtes, mes enfants, bien convaincus de la nécessité du travail. Cet amour du travail si nécessaire à l'homme, Dieu seul peut nous le donner. Dites donc à ce Dieu si bon : Dieu de bonté ! les membres et les forces que vous nous avez donnés sont d'après vos desseins des moyens dont nous devons nous servir pour gagner notre vie, nous pourvoir d'habillements et de toutes les autres choses nécessaires

EXERCICE GRAMMATICAL. — *Souligner une fois les verbes au* singulier *et deux fois les verbes au* pluriel.

Verbes au singulier. — Convertisse, quitte, vive, dot, est, est, est, est, sera détourné, aura commis, mourra, aura renoncé, aura fait, rendra, est, jugerai.

Verbes au pluriel. — Dites, écoutez, dites.

Conjuguer les quatre premiers modes du verbe *rendre*.

RÉCAPITULATION des numéros 191, 192, 193, 194, 195.

Numéro 196.

CLASSE DU MATIN. — *Conjuguer les deux premiers modes du verbe* garder.

CLASSE DU SOIR. — DICTÉE. — *Noms, articles, adjectifs, pronoms, verbes, participes, adverbes et prépositions.*

Les maisons, les champs, les prés, les habits, les aliments, les possessions, l'argent, sont ce qu'on appelle les biens temporels. Leur privation nous enlèverait bien des plaisirs. De là il résulte que la loi naturelle nous impose à l'égard de ces biens différentes obligations. La principale de ces obligations est celle-ci : Nous devons nous procurer des biens temporels.

EXERCICE GRAMMATICAL. — *Souligner une fois les verbes à la* première personne, *et deux fois les verbes à la* deuxième.

Verbes à la première personne. — Je jure, je viendrai, je demanderai, j'ôterai, je délivrerai, je viendrai.

Verbes à la deuxième personne. — Il n'y en a point.

Conjuguer les quatre derniers modes du verbe *garder*.

GÉOGRAPHIE. — Démonstration sur la carte.

Numéro 197.

CLASSE DU MATIN. — *Conjuguer les deux premiers modes du verbe* choisir.

CLASSE DU SOIR. — DICTÉE. = *Noms, articles, adjectifs, pronoms, verbes, participes, adverbes, prépositions et conjonctions.*

Nous devons nous procurer des biens temporels. Il ne se passe pas de jour que vous n'ayez faim, n'est-il pas vrai, mes amis, et que vous ne soyez obligés de prendre de la nourriture. Si vous n'aviez rien à manger, si votre père n'avait ni pain ni argent pour vous en procurer, vous lui diriez que vous ne pouvez pas vivre sans manger. D'un autre côté, si vous n'aviez que des aliments malsains, vous perdriez à coup sûr la santé, et même la vie.

EXERCICE GRAMMATICAL. = *Souligner une fois les verbes à la* troisième personne, *deux fois les verbes au* participe présent, *et trois fois les verbes au* participe passé.

Verbes à la troisième personne. — Seront consumés, ils son dit, sont appelés, ils ont laissé, annonça.

Verbes au participe présent. — Il n'y en a point.

Verbes au participe passé. — Consumés, brisé, rompu, appelés, laissé.

Conjuguer les quatre derniers modes du verbe *choisir*.

GÉOGRAPHIE. — Démonstration sur la carte.

Numéro 198.

CLASSE DU MATIN. — *Conjuguer les deux premiers modes du verbe* redevoir.

CLASSE DU SOIR. — DICTÉE. — *Noms, articles, adjectifs, pronoms, verbes, participes, adverbes, prépositions et conjonctions.*

Mais il n'y a pas seulement que les aliments qui vous soient nécessaires. Il vous faut aussi des habillements. Les animaux n'ont pas besoin de chercher des vêtements; ils sont couverts de laine, d'écailles, de plumes, qui croissent sur eux et ne les quittent jamais. L'homme n'est pas ainsi habillé par la nature.

EXERCICE GRAMMATICAL. — *Souligner une fois tous les noms* sujets, *deux fois les noms* compléments directs, *et trois fois les noms* compléments indirect.

Noms sujets. — Il n'y en a point.

Noms compléments directs. — Proie, recours, plaies, vie, seigneur.

Noms compléments indirects. — A l'égard, seigneur, présence.

Conjuguer les quatre derniers modes du verbe *redevoir*.

Ouvrages du même Auteur.

EN VENTE :

Méthode d'enseignement élémentaire; à l'usage des écoles primaires et secondaires, (1re partie) Prix cart. 3 fr.

Corrigé des devoirs de la première partie, à l'usage des maîtres. Prix, broché . . . . 1 fr.

SOUS PRESSE :

Méthode d'enseignement élémentaire, à l'usage des écoles primaires et secondaires, (2e partie). Prix cart. 3 fr.

Corrigé des devoirs de la 2e partie, à l'usage des maîtres. Prix broché. . . . . 1 fr 25

EN PRÉPARATION :

Méthode d'enseignement supérieur de Français à l'usage des écoles primaires supérieures et des classes de français dans les écoles secondaires publiques et libres.
   1re partie. Prix, cartonné. . . . . . .
   2e partie. Prix, cartonné. . . . . . .
   3e partie. Prix, cartonné. . . . . . .

Corrigé des devoirs de la Méthode d'enseignement supérieur de Français, à l'usage des maîtres.
   1re partie. Prix, broché. . . . .
   2e partie. Prix, broché. . . . .
   3e partie. Prix, broché. . . . .

www.ingramcontent.com/pod-product-compliance
Lightning Source LLC
Chambersburg PA
CBHW070530100426
42743CB00010B/2025